国山ハセン

アタマがよくなる「対話力」

相手がつい教えたくなる聞き方・話し方

朝日新聞出版

はじめに 対話はアタマをよくする最高の学び

こんにちは。国山ハセンです。

まずお伝えしたいのは、この本を手に取ってくださったことへの感謝です。ありがとうございます。

あなたとのご縁を心からうれしく思います。

この本は、私にとって初めての著書になります。

前職のＴＢＳアナウンサーとしての経験もあり、普段は映像や音声での対話を公開する形で発信することが多い私ですが、**話し相手からより多くの学びを引き出す「対話」の力**にフォーカスした本をつくるという新たな挑戦の機会をいただき、こうして一冊にまとめることができました。

きっかけは、私の活動に注目してくださった編集者からのオファーでしたが、あらためて考えてみると、**私にとって「対話力」はまさにキャリアと人生を切り拓くコアスキルであると**気づかされました。

さらにもう一つ、最近気づいた「自分自身の変化」がありました。

この1年ほどで急速に「アタマがよくなっている」という変化です。

ここでいう「アタマがいい」とは、計算力や記憶力といった学力を意味するのではなく、「さまざまな知恵を集めて組み合わせ、応用して人生に活かす力」という意味で表現しています。

なぜアタマがよくなったか？

その理由をふり返ると、圧倒的な「対話の量と質」の変化でした。

転職というきっかけによって、これまでと比べて格段に多くの人と会い、初対面の方から深い話を引き出す役割を担う機会が増えたことで、自分の対話力が鍛えられたのだ、と。

つまり、対話はアタマをよくする最高の学びだ！

そんな発見に至ったわけです。

この本は、**人との出会いをより多くの「学びの機会」に変えていきたいと考えている方**はもちろんのこと、次のような困りごとを抱える方々にとっても、きっと役立つものになるはずです。

◎人とのコミュニケーションが苦手
◎誰かと1対1で話す場面でいつも緊張してしまう
◎初対面の人との話が5分以上続かない
◎部下との面談で、気づけば自分の話ばかりしている
◎目上の人からもっと評価されるようになりたい
◎友人から相談を受けるとき、気の利いたことを言えない
◎「あなたの意見は?」と聞かれてもすぐに言葉が出ない
◎新しい職場ですぐに打ち解けられない
◎いい出会いがあっても、なかなか次に発展しない

◎ 最近、家族との会話が冷え込んでいる

このようなお悩みを抱える方にとって、きっと活用できる場面が多い一冊に仕上げられたと思っています。ぜひお役立てください！

国山ハセン

2024年3月

Contents

アタマがよくなる「対話力」——相手がつい教えたくなる聞き方・話し方　目次

2章

STEP1 アイスブレイク
「挨拶・笑顔・好奇心」で一気に打ち解ける

3章

STEP2 アイドリング

「聞く」に徹して、相手の心をほぐす

4章 「リアクション」で話の温度を上げる

STEP3 ドライブ

5章 STEP4 トップスピード 相手のスイッチを入れて、本音を引き出す

6章 「あれ？ 対話がぎこちない⁉」パターン別・困ったときの対処法

7章 「本音の交換」ができる対話へ。自分の言葉を磨く時間

編集協力……宮本恵理子
装丁……西垂水 敦（krran）
本文デザイン……秋澤祐磨（朝日新聞メディアプロダクション）
写真……東川哲也（朝日新聞出版 写真映像部）
ヘアメイク……須藤鈴加

1章

「対話力」はキャリアと人生を切り拓くコアスキル

雑談とは一線を画す
学びや刺激を交換できる時間が「対話」

この本でお伝えする「対話力」とは何か？

それは相手が大切にしたい価値観や想いを探り当て、じっくり語ってもらうことで、互いの自己理解を深める時間を共に味わい、信頼関係を築くコミュニケーション力です。

単にその場を楽しく過ごせればいい「雑談力」とは一線を画し、相手の話から学びを引き出し、次につながる関係性を生む力――。

まさに人生を前に進めるアクセルの役目を果たすのが「対話力」であると、私は考えています。

ちょっとストイックな言い方かもしれませんが、浅く中身のない雑談を繰り返して時間をムダにするほど、私たちの人生は長くはありませんよね。

もちろん、親交を深める上で雑談も大切ですが、せっかく同じ時代を生きて、ものすごい確率で出会えた者同士なのだから、本当に言いたいこと、話したいことを交換し合って、お互いに学びや刺激を得られる時間をできるだけ多く楽しみたいと思いませんか？

いわば、**「本音の交換」**にこそ人生の醍《だい》醐《ご》味《み》があるはずです。

充実した対話の先には、必ずや学びがあり、それを糧にした自分の成長があり、キャリアや人生そのものがグンと前に進むチャンスが広がっていくものだと、私は確信しています。

対話が後押ししてくれた31歳でのキャリアチェンジ

いきなり熱く語ってしまいました。あらためて自己紹介をいたします。

現在は、2021年に創業したビジネス映像メディア「PIVOT」の番組プロデューサー兼MC（司会）です。

英語や資産運用、教育など、ビジネスパーソンのスキル向上に役立つ「学び」に特化したコンテンツを、アプリやYouTube上で日々発信しています。

30代を中心とした同世代のキャリアを深掘りするインタビューや、シリアスな時事テーマについて専門家が議論するセッションの司会を務めるなど、**さまざまな場での「聞き役」となって「対話」を進めるのが私の仕事です。**

PIVOT以外の仕事でも、企業や官公庁が主催するイベントやテレビ番組などに呼んでいただき、個人としてメディア出演をする機会も増えました。

前職は、TBSテレビのアナウンサーでした。

2013年に入社して約10年の間、『アッコにおまかせ！』『王様のブランチ』『ひるおび』などの情報バラエティ番組のアシスタントや進行役、朝の情報ワイドショー『グッとラック！』のメインMCを務めた後、最後の1年4カ月ほどは報道番組『news23』のキャスターとしてカメラの前に立たせていただきました。

2021年に開催された東京オリンピック・パラリンピックや2018年のサッカーワールドカップロシア大会、平昌オリンピックなどのスポーツの祭典、政治・経済、事件や災害等の報道現場の数々の取材を任せていただいたのも、貴重な経験でした。

どの仕事をふり返っても、本当に濃い10年でした。

入社直後から得難いチャンスをたくさんいただき、アナウンサーとして非常に恵まれた道に立っていたことは、十分に自覚しています。

局の先輩方や「大御所」と呼ばれる出演者の方々も、大変かわいがってくださいました。

しかし、30歳になった頃に、多様な方々との対話を重ねる中で湧き上がってきたのが、「企画を練り上げるところから、番組をつくる挑戦をしたい」「テレビというメディアの枠に閉じずに、自分の力を試してみたい」という思いでした。

子どもが生まれたばかりで迷いもありましたが、自分の内側から湧き上がった「挑戦への欲望」に、素直に従ってみようと決意。

31歳で思い切ってキャリアチェンジをしました!

「意外」「衝撃」「大丈夫なの？」

安定した待遇の大手キー局のアナウンサーから、創業間もないスタートアップへの転職という決断に対する世間の反応はいろいろでしたが、私が直接知る人たちからいただけたのはポジティブなメッセージが大半でした。

そして実際に、立ち上げて間もない番組への出演を快く引き受けてくださったり、企画のアイディアをくださったり、素敵な人を紹介してくださったり――。

おかげさまで不安を感じる暇もないほど、新しい世界がどんどん開けています。

「転職してから、ますます輝いているね」「楽しそうだね！」

お世辞かもしれませんが、うれしい言葉もいただけるようになりました。

私自身も、「自分の人生を、自分の意思で前に進めることができている」という感覚をより強く持てるようになりました。

話すほどに世界が広がる 対話は自分をアップデートさせる最高の手段

なぜ、こんなに楽しいと思えるのだろうか？

とりわけ優れた能力があるわけでもなく、飛び抜けて学校の成績がよかったわけでもない私が、自分らしく人生を歩むことができている理由はなんなのか？

そう問いを立てたとき、浮かんだキーワードは「対話」でした。

私はきっと、人と話をすることで、自分自身のチャンスをつくり、人生を前進させるパワーに変えているのだと。

対話は、自分をアップデートさせる最高の手段です。

初対面の相手でも、話を聞くうちに打ち解け、「もっと聞きたい」「もっと話したい」と共鳴し合える何かをつかみ、次につながっていく。その繰り返しがたまらなく面白いのです。

どんな人にもその人ならではの経験や物語があって、その人にしか語れない言葉があります。

自分とは違う価値観や思想に触れて反応しながら、「私の考えとは少し違うな」「ならば私はどう思うのか」と考えるきっかけも生まれます。

対話は相手を知ると同時に、「自分を知る」時間にもなるのです。

また、その分野をよく知り、当事者として経験を積んできた人ならではの知見や解釈は、どんなベストセラーや教科書にも載っていない最高の学びです。

「この立場の人が、こんなふうに語るのか」と物事の本質に触れ、さらに他の人の知見も組み合わせていくことで、世の中の構造をより深く理解できるようになる！

そんな実感が私にはあります。

「なるほど、そういうことだったのか」と、視界が広がっていく感覚にワクワクするのです。

傍《はた》から見たときのアタマのよさとは、単なる知識の多寡に表れるものではないと、私は考えます。

適切なタイミングで適切な判断をできる人こそ、真にアタマのよい人である――。

そのように考えたときに、やはりさまざまな経験を積んできた人たちとの対話は、豊かな学びをもたらしてくれます。

ネットからいくらでも情報が取れる時代ですが、**最も効率よく学べる教材は1対1の「対話」**ではないでしょうか！

誰かに話を聞く前と後では、世界が変わる――。

大袈裟《おおげさ》に聞こえるかもしれませんが、自分自身が一歩前に進んだような成長を感じられるから、私は「対話」が好きなのだと思います。

自分の人生をクリエイトするのに役立つ「対話を促進する」技法

「学び」に加えてもう一つ、対話によって獲得できるのが「信頼関係」です。

対話は相互理解のきっかけであり、信頼関係を深める時間になります。

就職、異動、育休の取得や転職などなど、私がこれまで歩んできたキャリアのターニングポイントをふり返ると、その転機には必ず私を応援してくれる人の存在があり、その人とのつながりを生んだのは「対話」でした。

その場限りではない、次につながる対話ができた相手とは、お互いに「この人の力になりたい」と思える仲間になれるように思います。

転職や独立など、人生を大きく方向転換する決断を成功させるには、周りの人を味方につける「巻き込み力」が不可欠です。

その巻き込みが何によってなされるかというと、やはり「対話」の積み重ねだと思うのです。

つまり、**対話には自分の人生をクリエイトする力がある**のだと、自分自身の経験から強く実感しています。

このように対話の価値や魅力について語ると、微妙な反応が返ってくることがあります。

「だって、ハセンさんはもともと話が上手だから、そう言えるんですよね？」

いえいえ、そんなことはありません。

私は幼少の頃はどちらかというと引っ込み思案で、人前で話すのが苦手なタイプ。自ら表に出て目立つ行動を極力避けていた時期もありました。

アナウンサー時代のトレーニングと場数によって、今でこそ自己紹介を決められた分数にキッチリ収めることもできるようになりましたが、学生時代からプレゼンテーションが得意だったというわけではありません。

自分の体験や考えを面白く語り、相手を魅了する話術に関しては、人より優れていたとは思いませんし、むしろ話が面白い人をうらやましいと思っていました。

では、**私が大事にしてきたのは何かというと、「対話を促進する」技法です。**

相手が蹴ってきたボールに対して、相手が求めるパスを返し、理想のゴールを決めてもらう。時には自らシュートも打つ。

サッカーにたとえるならそんなイメージで、対話の熱を上げるテクニックを磨いてきました。

対話の7割くらいが「聞き役」

対話には、常に「話し役」「聞き役」のポジションが存在していて、時にその役割を交換しながら進んでいきます。

私はどちらかといえば「聞き役」のポジションをとって、相手の話をどんどん引き出すことに集中しています。

MCを務める仕事では「聞き役」に徹するのが当然として、プライベートの対話でも7割くらいは聞く側に立っている感覚です。

「聞き役」というと、受け身の印象を与えるかもしれませんが、むしろ逆。**話題をさらに深めたり、広げたり、主導権を握れる特権が「聞き役」にはあるのです。**

そして、結果的に、自分が知りたいことや学びたいことをたっぷりとインプットできている。

加えて、「話したいことを話せた」と心地よく感じてもらえた相手とも、より仲良くなれる。信頼関係が深まって、いろんなチャンスにも結びつく。

そう、**よい聞き役になるだけで、人生もっとトクをする**のです。

エンターテイナーである必要なし本当に効果的なテクニックだけを紹介

エンターテイナーになろうとしなくてもオーケー。

ただ対話を促進して相手の話を引き出す技法を身につけるだけで、知識や価値観が磨かれ、人間関係がよくなり、チャンスが舞い込んでくる。

私がこの本で伝えたい「対話力」は、誰でもいつでも身につけることができるスキルです。

しかも、一度身につけてしまえば、人生のポジティブ回転を一気に加速させるパワーを持っています。

突き詰めれば、対話力は「挑戦の原動力」になると私は信じています。

なぜなら、**対話力を磨けば、新しい出会いが怖くなくなる**からです。

「どんな相手とも対話ができる」という自信がつけば、未知のジャンルで活躍する人の話にも興味深く耳を傾けることができ、世界がどんどん広がります。

つまり、**相手の話をよく聞けば聞くほど、アタマがよくなり、自分自身が成長できる**のです。

内輪の雑談や愚痴で盛り上がる時間にばかり人生を費やしていると、世界は狭まるばかりですが、対話は世界を確実に広げてくれます。

対話によって、「コンフォートゾーン（心地いい領域）」を突破し、新しい世界へと飛び込む自分の背中を押せる――。

それはまさに、挑戦の第一歩だと私は思うのです。

お互いの人生に響き合う対話をもっともっと楽しみましょう。

そんな対話を生むためのテクニックを、この一冊で惜しみなくお伝えします。

私自身が仕事やプライベートの対話の中で日々実践しながら、本当に効果的だと感じたものだけを紹介します。

まずは、次のページで紹介する「対話の型」で基本の流れをつかんでください。
それぞれのステップを磨くテクニックを各章で詳しく説明します。すぐに取り入れられるよう、できるだけ具体的に書いたつもりです。

この本を読み終えたときに、「すぐに誰かと話してみたい」と感じていただけたらうれしいです。
対話力をきっかけに自分の人生をもっと好きになれた——そんな人が一人でも増えることを心から願っています。

では、スタートです！

“基本”さえ守れば、初対面も怖くない 温度を上げて本音を引き出す「対話の型」

対話に苦手意識がある人は、「中身のある話がなかなかできない」という不安や焦りがあるのではないでしょうか。

大丈夫です。

対話を深めていくステップを知れば、誰でも対話力はアップします。

はじめの挨拶で相手の気持ちをつかんで、相手の心をほぐし、徐々に話の温度を上げて、グッとアクセルを踏む——。

これが、私が日頃実践している対話の流れです。

学校や会社では教えてくれない**「対話の型」**を紹介します。

STEP1 アイスブレイク　「挨拶・笑顔・好奇心」で一気に打ち解ける

アイスブレイクとは、話し始める前の緊張を解くために行う工夫のこと。心がけるべきポイントは、「挨拶・笑顔・好奇心」の三つ。第一印象をよくして、相手との間にある心理的な距離を一気に縮めます。

よい対話の入り口に立つためのウォーミングアップとも言えます。

➡詳しくは2章へ

STEP2 アイドリング　「聞く」に徹して、相手の心をほぐす

アイドリングとは、クルマなどでエンジンをかけたまま停止している状態のこと。STEP1で発話のエンジンにスイッチを入れても、すぐに本題に入ろうとするのではなく、しばらくはエンジンが十分に温まってくるのを待ちます。

その間、積極的に相手の話に耳を傾けることで、「安心して話せる空気」をつくります。

➡詳しくは3章へ

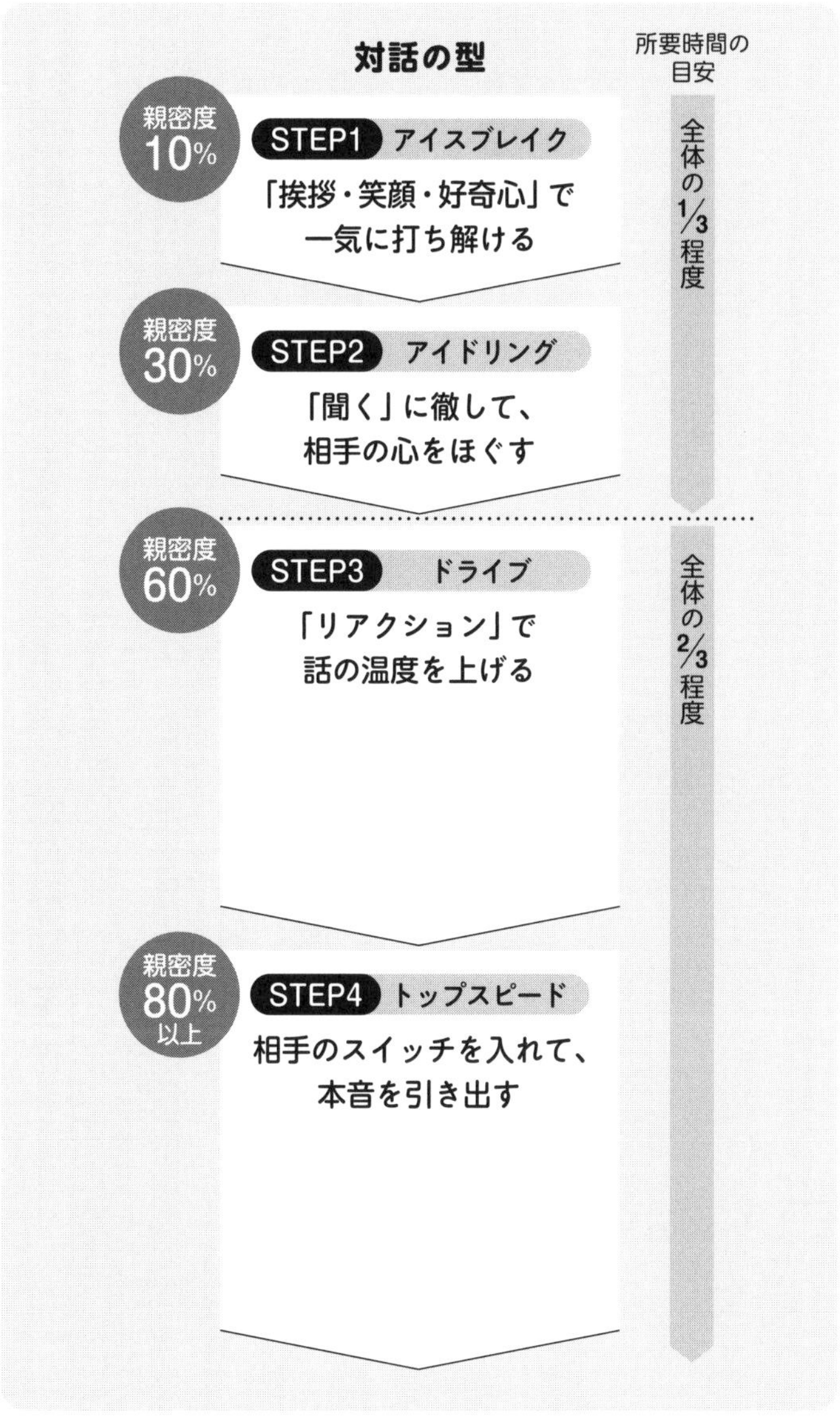
対話の型
所要時間の目安
親密度10%
STEP1 アイスブレイク
「挨拶・笑顔・好奇心」で
一気に打ち解ける
親密度30%
STEP2 アイドリング
「聞く」に徹して、
相手の心をほぐす
全体の1/3程度
親密度60%
STEP3 ドライブ
「リアクション」で
話の温度を上げる
親密度80%以上
STEP4 トップスピード
相手のスイッチを入れて、
本音を引き出す
全体の2/3程度

STEP3 ドライブ 「リアクション」で話の温度を上げる

STEP2で発話のエンジンが十分に温まったら、いよいよ対話をドライブ（運転）していきます。

カギを握るのが「リアクション」です。

相手に気持ちよく話してもらいながらも、自分が興味関心のあるテーマを上手に伝え、どちらかが一方的に話すのではない対話の流れをつくっていきます。

詳しくは4章へ

STEP4 トップスピード 相手のスイッチを入れて、本音を引き出す

相手の話がノッてきたなと感じたら、時間内に聞きたいことを聞くために、一気に対話のギアをトップスピードに上げましょう。

ここで行うのは、いわば「本音の交換」です。

「本当に聞きたいこと、知りたいこと」という自分の本音と、「本当に言いたいこと、話したいこと」という相手の本音をうまくかみ合わせ、他では得難い「学び」を獲得

するためにも、STEP1からの流れが重要になります。

⬇詳しくは5章へ

1章のふり返り

① 1対1の「対話」こそ、最も効率よく学べる教材

② 対話の「聞き役」には、話題を深めたり広げたりできる特権がある

③ 「対話を深めていくステップ」を知れば、対話力は誰でもアップさせられる

コラム

過剰な敬語よりスマートな丁寧語
「雑な語尾」はNG

目上の方と話すときに気になるのが、「正しい敬語が使えているか」という問題です。

もちろん、敬語を使えることは、社会人としての最低限のマナーでしょう。ただし、**過剰な敬語はかえってコミュニケーションを不自然にする原因になり得ます。**

あなたの周りにもいないでしょうか？「～させていただきます」を連発して、回りくどい話し方になっている人が。

過剰な敬語は野暮ったい印象につながるので、私はできるだけシンプルな「丁寧語」を使うことを重視しています。

「〜です」「〜ます」といった丁寧語の語尾を、しっかりはっきり発声する——。

これだけでかなり印象はスマートになります。

加えて、**目上の方に対しては「お」や「ご」を意識的にプラスするのも、リスペクト（敬意）を伝えるコツです。**

例えば、「水いかがですか？」より「お水いかがですか？」、「家族は元気ですか？」より「ご家族はお元気ですか？」のほうが、格段にリスペクトが伝わります。

たった1文字で印象が大きく変わるのですから、非常にコスパが高いと思います。

リスペクトがきちんと伝わる丁寧語が使えれば、慣れない敬語を駆使して表面的な装飾を盛る必要もありません。

さらにもう一つ、**きれいな言葉遣いはやはり印象を決める重要な要素になります。**

言語表現は時代と共に変化しますが、過剰に崩した表現や省略などを多用する、いわゆる〝若者言葉〟には要注意。

同世代の仲間内で使うなら問題ありませんが、ビジネスシーンでは避けましょう。

たとえば、こんな転換を心がけてみてください。

◎「**やっぱり**」→「**やはり**」……小さい「っ」を使わないだけで丁寧さが増します。

◎「**めちゃめちゃ**」→「**とても**」「**大変**」……「めちゃめちゃうまい」は言いがちな表現ですが、「とても美味しいですね」のほうが美味しさが伝わります。

◎「**嫌い**」→「**馬が合わない**」……ネガティブな表現もスマートに言い換えてみましょう。

難しい表現である必要はないので、標準的な表現に言い換えてみるクセを。慣用句なども時折入れてみるなど、ゲーム感覚で言葉をブラッシュアップしてみると、目上の方との対話も楽しめるようになるかもしれません。

2章

STEP1　アイスブレイク

「挨拶・笑顔・好奇心」で一気に打ち解ける

よい対話を始める3原則「挨拶・笑顔・好奇心」

初めに、アタマに入れておきたいのが、**対話の質を高めるスタートダッシュを決める3原則「挨拶・笑顔・好奇心」**です。

まず、挨拶。

「おはようございます」
「こんにちは」
「はじめまして」

体の正面を相手に向け、しっかり目を見て、語尾まではっきりと発声して挨拶。〝あたりまえ〟のマナーのようで、実はきちんとできている人は少ないと私は感じます。

「うっす」「おざす」「うぃ」と雑な挨拶をする若者が多い中で、一人だけ明瞭に「おはようございます」と言えたら、いい意味で目立ちますよね。

挨拶は、相手の存在を承認する最もシンプルなコミュニケーションだとも言われます。

ポイントは、相手から言われるより早く、自分から先手を打つこと。

「会って0秒」で発する一言の挨拶は、「今日、あなたとお会いできてうれしいです」というポジティブなメッセージに。

気持ちいい挨拶は、相手の心の扉を開ける鍵となり、そこから始まるコミュニケーションを円滑にします。

大事なルーティンとして、サボらず丁寧に心がけたいものです。

また、**挨拶は「誰に対しても、いつでもフラットに」を意識したいもの。**

初対面のお客様には丁寧に挨拶をするのに、毎日顔を合わせる同僚に対しては無言。

これでは、「相手によって態度を変える人」という印象につながってしまうでしょう。親しき仲にも礼儀あり。多少フランクな言い方になるのはいいとして、挨拶を交わすコミュニケーションは維持したいものです。

また、「先輩・後輩間の挨拶は、まず後輩から発するべき」といった、いかにも昭和風な年功序列的な考え方も、私はあまり好きではありません。挨拶の時点で上下関係が強調されることによって、その後の対話でフラットな関係性をつくることが難しくなるからです。

むしろ先輩のほうから「おはよう！」と笑顔で挨拶をするほうが、後輩にあたる人の緊張も解け、その後の対話が温まる効果があると思います。

私自身は、**相手が目上の方であろうと、年下や後輩であろうと、「先手を打つ」**と決めています。

対話は会ってすぐの挨拶から始まっている、と心得ましょう。

目を見てニッコリ笑顔は相手の緊張を解く魔法

挨拶とセットで意識したいのが、「笑顔」。これが、二つ目の原則です。

会ってすぐ、最初に向ける表情が笑顔だと、自然と相手の心も打ち解けます。なんとなく笑うのではなく、しっかりと相手の目を見て、「あなたに向けた笑顔ですよ」と心を込めることが大切です。

笑顔そのものに言葉はありませんが、「私はあなたの敵ではなく、これから一緒に対話を楽しみたいと思っています」というメッセージを一瞬で伝える効果があります。

単に「好印象に見せたい」という理由ではなく、「対話に効く」からやるのです。

この笑顔の威力は、特に、対話の〝後半〟に効いてきます。このメカニズムについてはあらためて後章で説明します。

「笑顔なんて簡単だ」と思うかもしれませんが、いやいや、これができそうでできないものです。

ぜひ一度、鏡で「スマイルチェック」をしてみてください。

笑っているつもりなのに、「あれ？　全然、頬が上がっていない……。笑顔に見えない……」と、ショックを受ける人は少なくないはず。

年齢と共にだんだんと顔の筋肉が衰え、表情のメリハリが乏しくなってしまうので要注意です。

表情筋の動きを確認しよう

私はアナウンサー時代も含めてずっと、カメラの前に立つ「出役《でやく》」を務めてきましたので、笑顔に対する意識は人一倍高いほうだと自覚しています。

鏡の前やモニターでのセルフチェックを通じて、自分の顔のどの部位をどの程度、

笑顔トレーニングのポイント

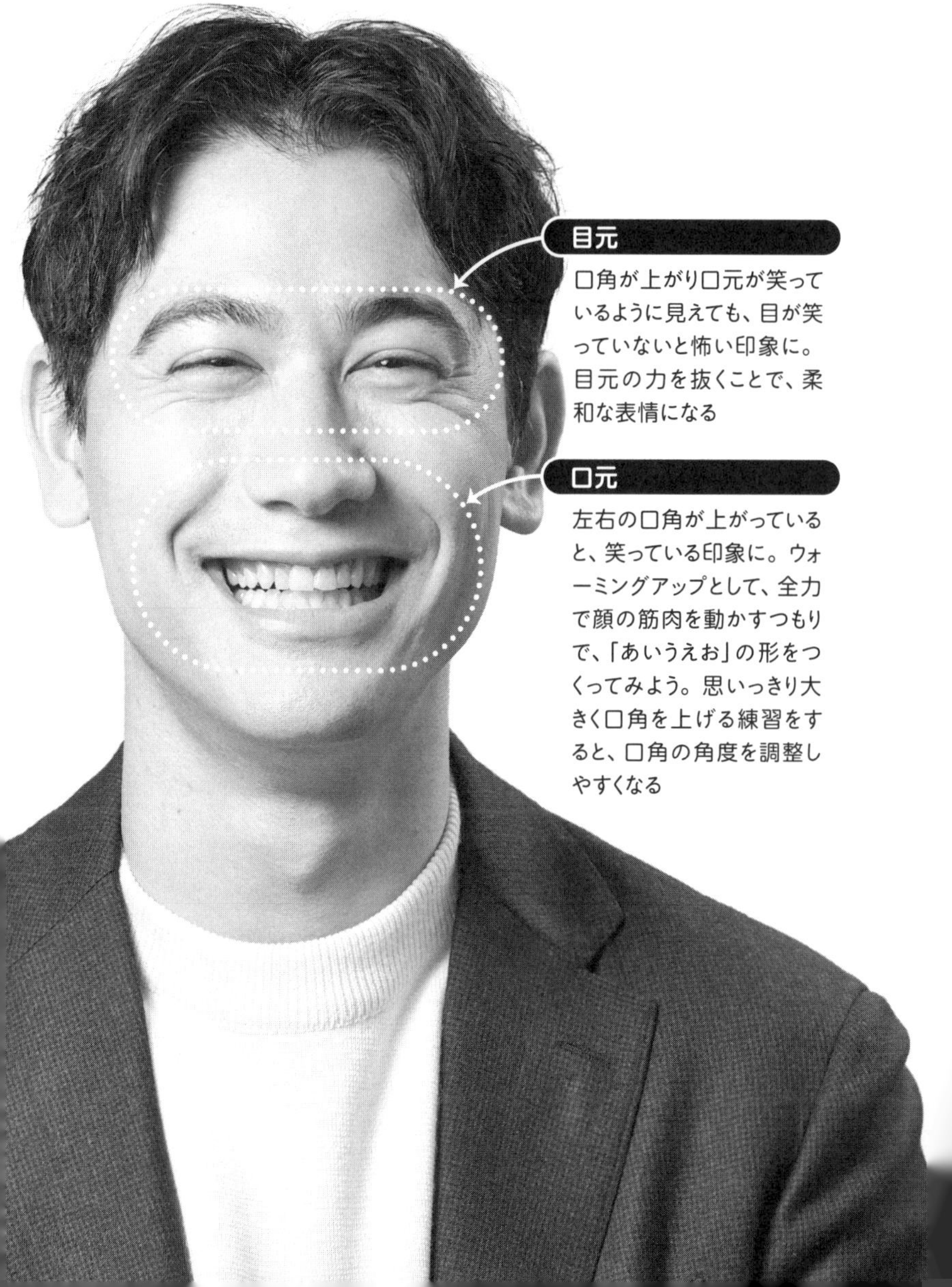

目元

口角が上がり口元が笑っているように見えても、目が笑っていないと怖い印象に。目元の力を抜くことで、柔和な表情になる

口元

左右の口角が上がっていると、笑っている印象に。ウォーミングアップとして、全力で顔の筋肉を動かすつもりで、「あいうえお」の形をつくってみよう。思いっきり大きく口角を上げる練習をすると、口角の角度を調整しやすくなる

どう動かせば、「感じのいい笑顔」がつくれるかをわかっているので、挨拶のたびに実践できる。それなりの自主研究を重ねてきたからできるのです。

おそらくアスリート、アーティストなどの表現者、人前に多く立つ人は無意識にでもできているのではないでしょうか。


感覚には個人差があるので、ご自身で「ベストスマイル」のつくり方を研究していただきたいと思いますが、私自身が日頃意識しているのは、**微笑み程度の小さなスマイルから歯が見えるほどのビッグスマイルまで、レベルを分けてトレーニングする**ことです。

また、「あ・い・う・え・お」を一語ずつ丁寧に発声して、顔の筋肉を大きく動かすことも効果的です。

細かい滑舌のトレーニングがいろいろとありますが、とにかく**自分で表情筋の可動域を確かめながら、「どう動かしたら、どう見えるか」**を正確に認識することが重要です。

「笑顔研究&トレーニング」は鏡さえあれば誰でもできますので、一度トライしてみてください。

笑顔を侮ることなかれ。1日10秒でいいのでやってみてください。

筋トレに励むよりずっと簡単にできて、自分も周りの人も笑顔になるベストプラクティスです。

「目の前の人」に興味を持つ好奇心を着火させる

対話は「焚《た》き火」に似ています。

まずは火種をつくり、少しずつ薪《まき》をくべて、適度に空気を通しながら、炎を大きくしていく。

その最初の火種をつくるのが、「好奇心」だと私は思います。

目の前の人が、これまでどんな人生を歩んできて、これからどこへ向かおうとしているのか。

どんなことに夢中なのか。なぜそれに夢中なのか。

今につながった失敗経験はあったのか。どうやってそれを克服したのか。

何を一番大事にして、何を一番許せないのか。

目の前の人に対して好奇心を発動させれば、聞いてみたいことは泉のように湧いてきます。

好奇心を〝着火〟させることが、対話の温度を上げていくために欠かせないスターティングポイントになるのです。

私の番組を見てくださった方から「ハセンさんって、誰に対しても本当に興味津々に、目を輝かせて話を聞いていますね」と褒めていただけることがあります。

たしかに、私は人に対する好奇心が旺盛なほうだと思います。でも、だからといって、誰に対しても最初から100％興味を持てるかというと、そんな才能はありません。

実際には、**「話を聞くうちに、好奇心が湧いてくる」という感覚**です。

つまり、好奇心も意識次第で高められるということ。

事前情報がほとんどない初対面の相手であったとしても、「この人のどんなところに自分は興味を持てるだろうか？」と〝好奇心発動モード〟をオンにすれば、きっと対話は徐々に温まってくるはずです。

〝会って0秒〟の挨拶と笑顔で相手との「間合い」も取れる

「よい対話を始める3原則」として紹介した「挨拶・笑顔・好奇心」には、相手の心を一瞬で開いて対話の火種を着火させる効果があることをお伝えしました。

実はこのうちの挨拶と笑顔には、もう一つの重要な目的があります。

それは、「相手との間合いを取る」という効果です。

ニコッと笑顔で「おはようございます！」と挨拶をした直後、私は相手の反応をすかさずチェックしています。

即座に笑顔と挨拶を返してくれる相手なら、「おっ、今日は最初からスムーズに話せそうだな」。

ちょっと硬い表情で挨拶が返ってきたら、「もしかしたら緊張しているのかな。ゆつくりアイスブレイクしながら話を進めよう」。

ボソボソッと小さな声で挨拶を返してきたら、「体調がよくないのかもしれない」。

滅多にはいませんが、ほとんど目を合わせないような極端に渋い反応を返す相手には、「警戒しているかな」「私にネガティブな印象を持っているかも?」と、心の中でひそかにアラートを鳴らします。

このように、挨拶と笑顔を自分から投げかけた後の反応によって、後の対話につながる「心構え」が整います。

そのときの相手の心身の状態や、自分との心理的な距離感を推し測るための優れた材料。「挨拶と笑顔」にはそんな役割もあるのです。

適度な緊張感は対話にプラス 緊張予防には「視点」を定めるのが効果的

初めて会う人を前にすると、緊張する――。

程度の差こそあれ、この不安は誰にでもあるものでしょう。緊張を解くために、私はいつもこう考えるようにしています。

「適度な緊張感は、対話をよりよいものにする」

「気難しい人だったらどうしよう」「こんなことを聞いたら怒られるかな」と探り探り対話を進めていくうちに、その人の考え方や価値観を少しずつ理解でき、緊張が解けていく。

この変化を味わうのも、対話の醍醐味《だいごみ》だと思います。

また、**適度な緊張感は、礼儀正しさにもつながり、コミュニケーションにおいてはプラスに働きます。**

たとえ親しい間柄の人であっても、信頼関係をキープするためには、最低限のマナーは保ちたいものです。

とはいえ、「緊張を少しでも和らげたい！」と悩んでいる方もいますよね。

私がこれまで試してきた緊張予防策の中で一番効いたのは、「視点を定める」というテクニックでした。

視点が定まらずに目が泳ぐと、心もフワフワと浮き立ち、落ち着かなくなります。

対話中には相手の目を見るのが原則ですが、**対話の間に「ちょっと視線を外したいな」というときの視点の置き所を決めておくと、気持ちが安定しやすくなる**のです。

例えば、相手の肩越しの窓の角、手元のペン先など、どこか一点を決めて「ここを見ればリラックスできる」と自分に暗示をかけておくのがおすすめです。

この「視点を定める」というテクニックは、私が自分自身の傾向を観察する中で発見したもの。

テレビ番組に出演しカメラの前で話す際、カメラをじっと見つめ続けると、緊張しやすいことに、あるとき気がつきました。適度なペースで手元の原稿に目を落とすと緊張が和らぐので、視線にもメリハリをつけるように心がけていました。

ただし、人によって何が緊張予防に効くかは違うはず。まずは自分の傾向を観察してみることで、最適な対策が見つかるのではないでしょうか。

そして、**緊張をほぐす特効薬はやはり「笑顔」**！

まず自分から相手に笑顔を向けると、相手の表情もほぐれる可能性大です。

相手も笑顔になると、自然と肩の力も抜けます。ぜひお試しを。

「憧れの人」との対面は〝引き算〟で適度な距離感でリスペクトを伝える

ありがたいことに、仕事とプライベートの両面で、「ずっとお会いしたかった人」と対話できる機会に多く恵まれています。

最近では、サッカーに夢中だった少年期からずっと憧れの存在だった本田圭佑さん。MCの依頼を受けたイベントのステージに、スペシャルゲストとして登壇した本田さんと初めて直接お会いする機会がありました。

「憧れの人」と初対面。できればよい印象を残して、次につながるコミュニケーションを目指したいものですよね。

ところが実際には、感動のあまりに緊張しすぎてガチガチになってしまったり、逆に舞い上がって馴れ馴れしく接してしまったり……。

そんな失敗を私も何度も経験してきたので、本田さんとの初対面では冷静に自分を客観視しながら、過不足のないコミュニケーションを心がけました。

まずは、〝会って0秒〟の「笑顔で挨拶」を丁寧に。

きちんと目を見て短く自己紹介をして、「本田さんはずっと憧れの人でした」と添えました。

リスペクトは短くはっきりと言葉にして、ストレートに伝えることが大切です。

本田さんも爽やかな笑顔を返してくれました。

この時点で好感触はつかめたのですが、だからといって距離を詰めすぎるのはNGです。

イベントの合間の休憩時間など、リラックスした様子が見られたときにだけ、「いつまで日本に滞在する予定ですか？」と適度なコミュニケーションを取りましたが、基本的にはあまり頻繁に話しかけないように心がけていました。

本田さんのように多方面で活躍している方は、アタマの中は常に目まぐるしく動いているはず。一人で静かにスマホを眺めている時間にも、きっと何かの準備をしているのだろうと察したからです。

滅多に会えない憧れの人が目の前にいると、自分を覚えてもらおうとむやみに話しかけに行ったりと頑張りすぎる人がいますが、おそらく逆効果。

むしろ〝引き算〟をする意識で、回数は少なく、自分のアピールではなく相手を尊重するコミュニケーションが、結果的によい印象を与えるように思います。

感想などを伝えるときは「短く」

この〝引き算〟はとても重要なテクニックです。

「私も中学時代からサッカーをやっていまして……」といきなり自分の体験談を語り始めたり、「実は本田さんと共通の知人がいまして……」と突拍子もなく関係性をアピールしたり。

自分をよく見せたいがゆえに〝足し算〟をしてしまいがちですが、聞かれてもいないのに自分の話をするのは、実は思っている以上にネガティブな印象を与えてしまいます。だから、我慢して飲み込む。〝引き算〟に徹するほうが無難です。

加えて、会えた喜びでつい舞い上がって、根掘り葉掘り聞くのもご法度です。**相手のゾーン（領域）の手前に、ここから先は踏み込んではいけない「透明な柵」があることをイメージして、その柵を越えないように慎重に自分をコントロールしましょう。**

本田圭佑さんとはイベントを終えたときにも、「今日はありがとうございました。素晴らしいお話を間近で聞けて光栄でした。これからも応援しています」と目を見て伝えるだけにとどめました。

そして、その日の夜か翌日の昼間のタイミングで、あらためてお礼の一言をSNSのダイレクトメッセージで送信。このときも「短く」がポイントです。

長々と感想を書くのは、それを読んでもらうだけで相手の時間を奪ってしまうので、やらないと決めています。

本田圭佑さんからは、収録やインタビューを通していろいろなお話を伺い、貴重な学びや刺激をいただききました。

それだけでも幸運だったのですが、なんと後日、ありがたいことに本田さんが主催する大切なイベントに司会として携わらせていただき、その後もご一緒できる機会を何度もいただきました。

憧れの人とお仕事ができるなんて夢のようですが、自分の想いを伝えるためにも「対話力」が発揮できたのかなと思います。

今後も対話を続けられるつながりに発展したことが、心からうれしく、ワクワクしました。

テンションが上がって前のめりになりがちな「憧れの人」相手の場面でこそ、〝引き算の美学〟を。

人生のポジティブ回転を生む法則です。

2章のふり返り

① 相手が誰であれ、対話のスタートは常に「挨拶」から

② 笑顔のセルフチェックはコスパ最強の必須トレーニング

③ 相手に対する好奇心は必要不可欠だが、高すぎるテンションには要注意。対話の「足し算」「引き算」を意識してみよう

コラム

録画・録音のセルフチェックは、メンタルも鍛える〝自主トレ〟

対話力を鍛える〝自主トレ〟としておすすめしたいのが、自分が話している場面をレコーディングした録音や録画のふり返りです。

自分の不格好な姿や気になるクセを直視する時間は苦痛でしかありませんが、それも繰り返していくうちに（多少は）慣れます。

私も、TBSアナウンサーの新人時代から、毎日毎回の放送後に「オンエアチェック」を習慣にしていました。

決して特別なことではなく、トップレベルで活躍する先輩方は当然のようにやっていたことなので、私も成長のために続けていたのです。

チェック項目は、発音や発声、トーンや速度、対話の間《ま》の取り方などなど。

気づいた点があれば、自分用のメモに記録して、次回につなげるようにしていました。

「(話を)引き取るタイミング、0・5秒早いほうがいい」「相づちをもっとゆっくり」など、自分なりの課題を書き込んでいくのです。

また、**「1回のオンエア映像を5回繰り返し見る」というルールも、10年間、自分に課していました。**

アタマを抱えたくなるような恥ずかしいミスをしたとしても、3回、4回見直して、5回目のチェックをする頃には、「もうわかった。次回は絶対に間違えないぞ」と開き直れるから不思議です。

シミュレーション上では失敗を克服できた感覚を得られるので、同じような場面を迎えても怖くなるのです。

その意味で、メンタルトレーニングにも適した方法だと思います。

最近は、「Zoom」などのオンライン会議システムが普及して、自分の対話中の様子を録画してふり返ることも気軽にできるようになりました。

対話力を鍛える自主トレ、おすすめです。

3章

STEP2 アイドリング

「聞く」に徹して、相手の心をほぐす

対話の温度を上げるには まず「話す」より「聞く」

挨拶やちょっとした自己紹介を終えた後、いきなり自分の話から始めてずっとしゃべり続けていませんか？

もしも「学び」や「チャンス」につながる対話を目指すなら、まずは相手の話を「聞く」。特に対話の前半は、聞き役に徹するが吉です。

久しぶりに会う人のためにとっておきのエピソードを話す準備ができていたとしても、相手が一方的に自分の話をしていたら、「今日はあの話をする出番はなさそうだな……」と引っ込めてしまいますよね。

対話のスタート時点から、相手の話に耳を傾ける姿勢を示すことで、「この人はちゃんと話を聞いてくれそうだ」という印象を持ってもらえます。

対話のスタート時点で、「安心して話せる空気」をつくることが重要なのです。

「何か面白いことを言わなきゃ」と焦ってしまう気持ちもわかります。「つまらない人と思われたくない」という不安が、そうさせるのだと思います。

でも、発想をこのように転換してみましょう。

話すことよりも聞くほうが、よりよい自己アピールになる。

「何も話していないのにアピールになるの⁉」と不思議に感じるかもしれませんね。

でも、こんな経験に心当たりはないでしょうか。

飲み会や食事会の場で、複数人でひととおり話し終えて別れた後に、最も好印象を残す人は誰か。それは一番話した人ではなく、むしろほとんど自分の話をしなかった「聞き上手」の人だった。

人は自分の話をじっくり聞いてくれる人に対して、心を開くもの。

高度な知識を誰にでもわかりやすく披露したり、鉄板ネタでドッと場を沸かせたり。そんなコミュニケーションの達人は世の中を見渡してもほんのひと握りです。

前述の「引き算」の意識で相手に気持ちよく話してもらう役回りに徹することで、対話の時間を通じて、自分のよさを感じてもらえたらいいと私は考えています。

「ハセンさんと話すとなんだか楽しい気分になる」

そう感じてもらえたらバンザイです。

「話しやすかった」と満足してもらおう

対話の前半は「聞くが7割」という感覚で、相手の目を見て、じっくり傾聴に徹しています。

「話すが3割」くらいにしておくと、引き出しの余力を残しておくことができます。相手がこちらに興味を示してくれたタイミングで、話題を豊富に提供できて対話が盛り上がるというメリットも。

つまり、「聞く姿勢」をしっかり示すことで、相手の緊張や警戒が解け、「これも話していいかな」「あれも話してみようかな」と心の扉がどんどん開き、対話の温度が上昇していきます。

いわば対話のアイドリングの時間です。

このアイドリングの時間を意識するかしないかで、対話の中盤以降に「深い話」までできるかが決まると言っても過言ではありません。

極端な話、その日の対話はずっと聞き役に徹してもいいくらいです。

相手に気持ちよく話してもらって、「話しやすかった」と満足してもらうほうが、結果的に自分の〝トク〟につながるからです。

実際、貴重な経験や知見について、さらに深く教えてもらえる次の機会をいただけることは多いと感じます。

「今日は自分の話ばかりしてしまったから、次回はハセンさんの話を聞かせてくださいね」と、かえって関心を向けてもらえることも。

「聞く」に徹すると決めたら、相手がどんな話をし始めるか、注意深く耳を傾けてみてください。

事前に想定した話題とは違ったとしても、アタマの中の「シナリオ」は真っ白に消してしまいましょう。

今、目の前の相手が話そうとしている内容に集中してリアクションをしていくことで、「生きた対話」が生まれます。

自己紹介や近況を本人の言葉で「まずしゃべってもらう」がポイント

「対話の始め方」としてシンプルかつ効果的なおすすめの方法があります。それは相手の言葉で「自己紹介」をしてもらうこと。

初対面でなければ、「近況シェア」でもオーケーです。

今はネット検索やSNSを通じて、いつでも簡単に情報収集ができる時代なので、相手の経歴や直近でどんな活動をしているのかといった事前情報は、簡単に仕入れることができます。

とはいえ、実際に会ってみたときに、「自分について何を話したいと思っているか」はまったくの別物です。

自己紹介の仕方も、シーンや相手によって内容を変える場合もあるでしょう。
すでに知っていることばかりだったとしても、あらためて聞いてみることが重要です。

アナウンサー時代に感じたのは、やはり「対話」の基礎はインプットだ、ということです。

限られたオンエアの時間で「情報を伝える」「質問をする」、時には「ユーモアを交えて展開する」――。すべてはインプットがあってこそ可能なこと。

仕事の9割はインプットだったと言っても過言ではありません。

インプットにはゲストの情報を事前に調べることも含まれます。

知っていたとしてもあえて本人から伝えてもらうことで、対話の波長が合ってきます。

職場でも友人関係でも、相手のことをあらかじめインプットしておくのは有効です。

その上で、「最近、どんな活動に力を入れているんですか?」などと、**フリーで答**

えられる質問を投げかけて、長めに話してもらう。この〝長めに〟話してもらうというのが**ポイントです。**

対話のスタートに、自分の言葉で自己紹介や近況シェアを語ってもらう〝出番〟をふることで、口をたくさん動かしてもらい、「話すこと」に慣れてもらうのです。

注意深く聞けば、自己紹介の中に必ず「詳しく話したいネタ」が隠れています。本人の言葉の中に、キラリと光るキーワードを察知したら、すかさず「それってどういうことですか？」と反応し、自然と話題を広げていきましょう。

出身地は？　ごきょうだいは？
「普通の質問」から始めればいい

自己紹介や近況シェアを語っていただく中で、「話題の糸口」が見えたら、そこから対話を発展させていくという説明をしました。

まだ十分に糸口が見えないときには、シンプルな「普通の質問」をいくつか投げかけて、アイドリングを続けていきましょう。


最初から「鋭い質問」など狙わなくても大丈夫です。

ごくごく普通の、ありきたりな質問のほうが相手もリラックスできます。


「今日はどちらからいらしたんですか？」

「ご出身はどちらでしたっけ？」

「ごきょうだいはいるんですか?」

対話の始まりはどうしてもお互い警戒心があるでしょうし、**特に深く考えずとも簡単に答えられる質問を投げかけて、どんどん相手に話してもらう。**

「関西ご出身なんですね。実は僕も神戸に住んでいたことがあって……」など、自分との共通点をきっかけに対話のエンジンがかかりやすくなることもあります。

このようなごくありふれた何気ないやりとりから、深い話に展開するきっかけをつかむためにも、日頃から自分の引き出しを増やしておく努力をしたいものですね。

対話がいきなり盛り上がることなんてありませんので、焦らずに肩の力を抜いて、じっくりと薪《まき》をくべていく。

相手の答えや反応から、自然と浮かぶ質問に身を委ねる気持ちでいきましょう。

冗談を言う人なのか言わない人なのか、話すのが好きなのか得意ではないのか、何に興味があるのかないのか――。ある意味、相手を分析する時間です。

私は仕事でのインタビューでも、事前に用意した「想定質問」に縛られることがないように心がけています。予定調和になりすぎず、その場の空気を感じるのも重要です。

「最低限聞くべきことを、与えられた時間の中で網羅すればよし」と気楽に構え、聞く順番にこだわりません。

自然な流れを止めないことで、和やかな雰囲気が生まれます。

二度目の出会いをチャンスに変えよう

また、**二度目に会ったときは、距離をグッと縮めるチャンス**です。

よくありがちなのが、1回目の話を覚えていない、同じ質問をするなどのNGアクション。

これは、意外に相手は覚えていて、「この人、あんまり私の話を聞いていないんだな」とネガティブな印象を与えてしまいます。

私自身は、この「対話の記憶」を忘れないために、対話で印象的だった言葉や覚え

ておくべき情報をテキストメモとして記録し、再会時に見返すようにしています。

私が尊敬するビジネスリーダーにも、「一度話してもらった情報を忘れないようにメモをしている」という人が少なくありません。

そして、そういう心がけを実践している人は必ずと言っていいほど、ビジネスで素晴らしい結果を出しています。

やはり、**対話の学びを一つもムダにしない努力がパフォーマンスに直結しているのだと感じます。**

2回目は1回目に会ったときと比べての変化、前回の対話でグッときたフレーズ、相手へのリスペクトと好意を意識的に伝えましょう（もちろん、相手が「もっと信頼関係を深めたい」と思える人だった場合に限りますが）。

相手が「話したいこと」は何？　言葉や表情からキャッチせよ

「自分が聞きたいことだけ聞ければいい」というコミュニケーションは、対話とは言えません。

自分が聞きたいことよりも、相手が話したいことを優先し、存分に話してもらうことが、学びや信頼関係へと発展します。

ゆえに、**対話の前半は、相手の話を聞くことに徹するアイドリングに集中して、「今日ここでどんな話をしたいと思っているか」を探り当てる時間に費やしましょう。**

まずは自己紹介や近況シェアを長めに話してもらって、キラリと光るキーワードをキャッチ。

そこから対話を広げていくわけですが、「話題が広がるキーワード」を逃さず察知するコツは？」と聞かれたことがありました。

私のセンサーが作動するのは、その人ならではのオリジナリティや強調する意識が感じられる言葉が出てきたときです。

例えば、自己紹介の中に「27歳のときに異業種転職して……」という表現が出てきたとしたら、キャッチポイントは二つあります。

わざわざ入れてきた「27歳」という具体的な年齢と、「異業種転職」というキーワードに、「詳しく話せるエピソードがありますよ」という意図を感じられます。

「なんで27歳で転職しようと思ったんですか？」

「異業種に飛び込んだ理由は？」

など、話題を広げられるポイントになるわけです。

また、**話をしている最中の相手の「表情の変化」も見逃さずに。**

わずかに目に力が入ったり、頬が少し紅潮したり。ちょっとした変化がサインです。

相手が話した内容をベースに話題を広げていく、という順番を大切にしています。

むやみに「いじる」のは禁物　リスペクトを持ってフラットに聞く

相手の話を聞くときに、私が何よりも大事にしているのは「リスペクト」です。

目の前にいる一人の人に対して、リスペクトを持って丁寧に向き合い、フラットに対話を重ねていく。

「フラットに」というのは、「先入観なく」という意味です。

番組やイベントでお会いするのは著名な方が多く、有名人であるがゆえに、世間でいろんな評判がささやかれていたり、特定のイメージがついていたりする場合も多々あります。

そうした先入観に惑わされず、**まっさらな気持ちで1対1で向き合える時間を大事**

にしたいと思っています。

場を盛り上げるために相手をいじったりするケースもあるかと思いますが、これはとても高度な技術だなと感じます。

私も何度も失敗を重ねてきましたし、怒られた経験もあります。

人を「いじる」ときは非常に神経を使いますし、プロの世界でもスキルが問われるものです。

ビジネスシーンでも度々「この人大丈夫かなぁ」とヒヤヒヤする場面に遭遇します。

相応の経験と自信がないうちは「いじる」ことは控えるべし、**というのが私の考えです。**

なぜなら、「いじる」というコミュニケーションは、相手に対する愛情がないとできないことだからです。

リスペクトを持った上で発揮されるユーモアは、上質なジョークとしてウケるのだと思います。

だからこそ成功したときには、グッと距離を縮められる効果大。「いじる」に挑戦するときは、愛と勇気を持って臨みましょう！（笑）

「この人は大事な話をしてもいい相手だ」と、短時間で思っていただけるには、どんな立ち居振る舞いをしたらいいのか。

そんな問いの逆算によって、対話における身の置き方は定まってくるのだと思います。

目を見て離さずロックオン 対話の主導権を握る

ビジネス映像メディア「PIVOT」に転職して半年も経たない頃のことです。フランス・パリにある世界最大のスタートアップ支援施設「Station F《スタシオン・エフ》」をレポートする番組を収録するため、現地へロケ取材に飛んだことがありました。

日本のスタートアップ経営者がStation Fを視察するツアーには西村康稔経済産業大臣（当時）も同行していて、私たちは単独インタビューの時間もいただけることに。番組の肝となるインタビューとすべく気合いが入りましたが、事前に連絡が来た持ち時間はわずか「1分」。

分刻みでスケジュールが詰まっている大臣級の要人の取材ではよくあることですが、1分で聞けるのはせいぜい1問か2問程度です。

インタビュアーとしては、なんとか10秒でも長く話を引き出したいもの。そこで、私はいつもの作戦で勝負することにしました。

ズバリ、**「目力でロックオン作戦」**です。

相手の目をしっかり見て、とらえて、離さない。

「目を見て話す」というコミュニケーション上のマナーは、あたりまえのようで、実はできている人が少ないというのは先述のとおりです。

「大臣、よろしくお願いします」の1秒から目を合わせ、そのまま一度も視線を外さずに、質問を続けました。

対話中、メモを取るために手元に視線を落とすと、その隙に相手が話を中断してしまう可能性があると考えたからです。

結果、予定よりも長く時間をいただくことができ、なんと5問も聞けたのです。

このときに限らず、私はインタビュー中に手元でメモを取ることはあまりしません。

メモを書くことに気をとらわれて、相手の話に集中できなくなるのが嫌なので、思

い切って「メモは取らない」と決めています。

事前に準備した「これだけは聞きたい」という項目はすべてアタマに叩《たた》き込み、インタビュー中に相手が発したキーワードも、メモを取らずに記憶できるようになりました。

これは、場数がなせるトレーニングの賜物《たまもの》かもしれませんが、いずれにせよ**「メモより目力」**で対話に全身を傾けています。

相手の目を見続けるのは意外に難しいのでやってみてください。

ただ、あまりやりすぎると、圧が強めに捉えられるリスクも。あくまでケースバイケースであることをお忘れなく。

▼**こちらから動画をご覧いただけます**▼

&DOCUMENTARY
フランス編　世界最大のスタートアップハブ

ひととおり話し終えるまで待つ「BUTで返す」はNG

相手の話は、ひととおり話し終えるまでじっと聞く――。これが私の基本姿勢です。

途中で話の腰を折ったり、話題の方向性をまるっきり変えてしまうような質問をしたりしないように。

相手の話を中断して自分の話をし始めるのは問題外です。

二人以上の対話の中で、「自分の話を最後まで話し切る」という体験は、できそうでできないものです。

途中で話題がそれてしまったり、相手の様子が気になって自分から途中で話を切り上げてしまったり。「言いたいことが言えないままだったな」とひそかに残念な気持ちになった経験は、誰しもあるのではないでしょうか。

逆に、最後まで話したいことを話し切れたときには「この対話に参加できてよかった」という満足感を得られるはずです。

心地よい対話のため、私は「質問は後でまとめてする」と決めて、まずは相手の話を最後まで聞き切る意識を大事にしています。

特に、「そうだね、でも……」と、承諾しているように見せかけて反論して自分の主張に持ち込むのは、相手を不愉快にしてしまうこともあるため、要注意です。

もし意見を言いたいときは、「BUT返し」ではなく提案型にします。

「さっきの話に関して、こういう考え方もできると思うんですけれど、どうですか？」と提案の形にするほうが、ポジティブに対話が進みます。

やはり相手の話をひととおり聞き終えてからという順番を守ることで、ナチュラルに相手を尊重する気持ちが伝わると思います。

わからないことは素直に聞く
背伸びせず、等身大を強みに

「話の腰を折らない」が鉄則と述べましたが、相手の話をただ聞き流すのではなく、**「一つひとつ理解しながら聞く」という意識が大切**です。

わからないことを、わかったふりで素通りしないこと。

素直に聞く姿勢を見せるほうが、相手からも信頼してもらえると思います。

なんて、もっともらしく書きましたが、**私自身もアナウンサーとして駆け出しだった20代前半の頃に、「知ったかぶりするな」と叱られたことがあります。**

叱ってくれたのは、私が出演する番組を観た母です。

番組で共演したあるベテラン芸人の方は、ファシリテーションの名手として知られていました。

絶妙な間《ま》で「ふんふん、それで？」と相づちを打ちながらスマートに場を回す姿がなんともカッコよく、「こんなふうに振る舞いたい」と憧れた私は、浅はかにも同じように相づちを打ってしまったのです。

オンエアが終わるや、けたたましく電話が鳴り、「あの相づちは、ベテランのあの方だから許されるのよ。勘違いしないように！」と叱られました。ハッと我に返ると同時に、冷や汗が出ました。

以来、気をつけるようになった「知ったかぶりの罠《わな》」ですが、専門性の高い難しいテーマを、その分野に詳しい人に聞く場面で特に注意が必要です。

専門用語のすべてを聞き返すと話が進まないので、ほどほどにバランスを取りつつも、「今の話はポイントになるな」と感じた部分に関しては、遠慮なく疑問点をぶつけるようにしています。

ハーバード大学の大学院出身で、楽天の最高データ責任者を務めていた北川拓也さんに、「量子コンピュータ」の最前線について聞くインタビューをしたときにも、難解な専門用語がバンバン飛び出しました。

天才とも称される北川さんの話は情報密度が非常に高く、ついていくのがやっとでしたが、臆せず「本当に素朴な疑問ですが、量子コンピュータっていうのはなんなんでしょうか？」というストレートな質問からインタビューを開始。

「無知な素人として聞く」というスタンスを最初に示したことで、北川さんも「初心者レベルに噛み砕いて話そうモード」を発動してくださって、終始わかりやすく解説をしてくださいました。

▼**こちらから動画をご覧いただけます**▼▼▼▼▼▼▼▼▼▼▼

PIVOT LEARNING

前編：ChatGPTは人類滅亡を防ぐために作られた

素直な気持ちで向き合う

そもそも、専門家に対して知ったかぶりをしたところで、どうせバレるに決まっています。わからなくて当然、と腹をくくりましょう。

「ちょっと今の話は難しかったです。どういうことですか？」
「○○を簡単に説明していただけますか？」
「もう少し詳しく、具体例でお願いします」

など、素直に率直に質問をすると、親切に教えてくださる方のほうが圧倒的に多いです。

前提としてあるのは、自ら積極的に理解しようとする気持ちです。

わからないなりにも咀嚼《そしゃく》して、自分なりの言葉で「それはこういう意味ですか？」などと打ち返していくと、相手もいろんな角度から語彙《ごい》を駆使して説明しようとしてくれるので、こちらの理解度が徐々に上がってきます。

適度なストレッチは必要ですが、自分をよく見せようと背伸びはせず、素直な気持ちで向き合ってみる。

「素朴な疑問なんですが」から質問すると相手の警戒心もとれて、お互いに「素」で向き合える対話を楽しめます。

対話に「論破」は不要!? 加藤浩次さんから学んだ「負けの美学」

一時、YouTubeを中心に、「論破」という話法がトレンドになった時期がありました。

視聴者もプロレス観戦のような感覚で楽しんでいたのかもしれませんが、私が考える「対話」においてはおすすめできません。

私自身もワイドショーでは二項対立の演出としてわざと怒りを表現するなど、さまざまな手法を試してきましたが、あくまでテレビ番組の構成の上に成り立っているものです。

私が目指すのは、お互いの価値観の違いに触れながらも「そんな考え方があるんですね」と尊重し、違いを学びに変えられる建設的なコミュニケーショ

ンです。

自分の考えと180度違うからといって、その人の価値観を全否定するような表現はしたくないと思っています。

「負けの美学を忘れるな」

TBS時代に大切な人生哲学を私に教えてくれたのは、極楽とんぼの加藤浩次さんです。

朝の情報番組の司会を17年務め、数々のレギュラー番組を持つ、言わずと知れた大御所MCです。

ご縁をいただいたきっかけは、入社3年目からサブキャスターを担当した金曜深夜放送（当時）のスポーツ番組『スーパーサッカー』。

まだ経験も浅く、番組内でも特に発言が多いわけではなかった私をかわいがってくださって、毎週のように収録後に飲みに連れて行ってくださいました。

あるとき、いつものように二人で飲んでいた席で、お酒を飲みながら加藤さんが「いいか、ハセン、これは覚えておけよ」と語り出しました。

そこで教えていただいたのが、「負けの美学を忘れるな」です。

一歩引くことで共感や親近感を呼び込む

番組での共演を通じて、**加藤さんは常に自分がどう見えるかより、全体にとってプラスになるための行動を優先する方**だと感じていました。

バラエティ番組でも、好き勝手に振る舞っているようで、時におどけて愛嬌《あいきょう》や弱みを見せたり、あえておいしいところを譲ったりと、一歩引くことでかえって共感や親近感を呼び込み、ファンを増やす方です。

MCを務める情報番組では、発言が偏らないように出演者全員にバランスよく話をふり、「そうなんだ」「へぇ、そんな考え方があるんだね」とどんな価値観も否定せず相手を立てて、話を進行しています。

そのプロフェッショナリズムこそ、才能渦巻く芸能界で長く活躍されている理由でしょう。

あえて一歩引いて、愛される。仲間を増やす。

加藤さんの姿勢がまさに「負けの美学」なのだと理解した私は、この言葉を自分の言動に置き換えて省みるようになりました。

血気盛んで勘違いをしがちな20代前半に、この美学を教えていただけたことは本当によかったと感謝しています。

怒られないようにしなければと、いつも背筋が伸びますが、今でもお会いするたびに愛ある助言をいただける大好きな方です。

3章のふり返り

① 深くて考えなくても答えられる「普通の質問」から聞き始める

② 「大事な話をしてもいい相手」と思われるには、相手に対するリスペクトが重要

③ 相手が「話したいこと」をキャッチしたら、自分なりの言葉に置き換えて打ち返す

コラム

飲み会で「ファシリテーション」の腕を磨く

歓送迎会や取引先との会食、同僚との懇親会といった「飲み会」「食事会」の場は、実は対話力を磨く絶好のトレーニング機会になります。

例えば、会社の部署の打ち上げには、上司やベテランの先輩、現場を取り仕切る若手リーダー、まだ入社して間もない新人など、役割や経験値の異なるメンバーが一堂に会します。

年齢はもちろん性別や興味関心、得意分野などが異なるメンバーが、共通の話題で盛り上がるには？

これは実はかなりレベルの高いお題です。

飲み会が盛り上がるかどうかのカギを握るのは、上手な「ファシリテーター」の存在です。

ファシリテーターは、発言を促したり、話題を整理したりして、話し合いが円滑に進むように振る舞う人のことです。

また、そのような行為のことを「ファシリテーション」と呼びます。

話の流れを的確につかんで、偏りがないようにバランスよく話をふり、ちょっと空気が気まずくなりかけたらサッと話題を変える――。

そんなスマートなファシリテーターがいる飲み会なら、誰もが居心地よく過ごせて、「今日の飲み会、楽しかったな。またあのメンバーと飲みたいな」と後味のよい気分で帰宅できるはずですよね。

さらには「今日の飲み会を楽しく盛り上げてくれたのは、ハセン君だったな」という印象を残せたとしたら、きっとその後のご縁にもつながるはずです。

重要な取引先との会食に同席しても問題ないと認めてもらえれば、キャリアのステップアップにも通じるきっかけに。

飲み会は対話力を磨けるトレーニング、そしてアピールのチャンスなのです。

自分で言うのもなんですが、私は「飲み会ファシリ」に少々自信があります。

といっても、気合いを入れて自ら面白い話をする必要はなく、「**しゃべりたい人に、しゃべっていただく**」**ための場づくりをするのが基本**です。

まずはその日の飲み会の趣旨と参加者の顔ぶれとを確認した上で、「この場は、誰が〝メインの話者〟になるべきか」を考えます。

チームで目標を達成したことを祝う打ち上げであれば、その成果の功労者となったメンバー。送別会であれば、チームを離れる本人とその人と深い関わりのあった上司や部下など。

誰に、どんな話をしてもらうと、この飲み会は〝成功〟するのか？

このゴール設定を最初にしておくことが重要です。

そして、このゴールに向けて、メインの話者に話をふり、問いかけをしていきます。一方で、**一人だけが話し続ける独壇場になるのも避けたいところですので、バランスよく〝対話のボール〟を回していくのがポイントです。**

メイン話者の話にリアクションしながら、「なるほど。僕はこう思うんですけれど、〇〇さんはどうですか？」と、まだ発言を多くしていない人に話をふる。

できれば後輩や新入社員など、自分から話の輪に入るのを遠慮している様子が見られる人に、さりげなくパスを回してあげるといいですね。

ちょっと話が途切れたなと思ったら、自分から話題を提供して呼び水にしましょう。

飲み会のファシリテーションは「聞く・ふる・時々話す」のリズムで覚えておくといいと思います。

自分自身がそれほど話さなかったとしても、その日の主役となるべき人がたくさん話すことができ、普段はなかなか交流できない人同士がつながる機会をつくれたとしたら上出来です。

最近は、職場での飲み会の機会が減り、苦手意識を持つ若い世代が増えていると聞きます。

そんな流れにいい意味で逆行する形で、積極的に対話力を鍛える機会として飲み会を捉えて参加してみましょう。

きっと他では聞けない話を聞けたり、素敵な出会いに発展したりと、人生を拓く学びへのルートが開かれます。

4章

STEP3 ドライブ

「リアクション」で
話の温度を上げる

短くリアクションするだけでいい
よい「受け身」が対話を促進する

対話の前半に心がけるべきことは「まず相手に話してもらう」で、「聞くに集中しよう」と説明をしました。

このアイドリングによって、相手側に「自分の言葉で、自分の体験や想いを語る」準備が整っていきます。

対話のゴールは「本音の交換」ですので、ここからさらに相手の「発話のエンジン」を温めていきましょう。

どうやって温めるのかというと、「リアクション」です。

相手の目を見て話を聞きながら、話を心地よく促進させるリアクションをすることで、相手は「もっと話せる、もっと話そう」という気持ちになります。

よい「受け身」をすることで、焚《た》き火に薪《まき》をくべるように対話の温度が上がり、対話の中身が本質へと深まっていきます。

逆に、**「リアクションなし」の聞き方は相手を緊張させる**ことに。

いくら話を真剣に聞いていても、微動だにせずじっと固まっていると、相手は「怒っているのかな」「私の話、つまらない？」とドキドキしてしまいますよね。

相手に伝わるように、能動的に「リアクションをする」と意識づけることが大切です。

リアクションにはいくつか種類がありますので、できそうなものから意識的に取り入れて、体に染み込ませましょう。

この本に書いているノウハウすべてに共通することですが、対話のスキルは才能ではありません。トレーニング次第で誰でも身につけられるものです。

対話の場面で繰り返し練習していれば、いつの間にか無意識にできるようになります。

レベル1　相づち

言葉を発しなくても、相手の目を見て話を聞きながら首を縦に振るだけで「あなたの話を聞いていますよ」というメッセージに。安心して話を続けられます。

ただし、相づちの打ちすぎは軽い印象を与えて逆効果なので、適度なペースを守りましょう。

レベル2　短いつぶやき

「はい」「ふむふむ」「なるほど」など、受容・肯定のニュアンスの短い一言を返すことで、「あなたの話をちゃんと理解しながら聞いていますよ」というメッセージを伝えられます。

ただし、あまり頻繁に発するとうるさく感じさせてしまうので、相づちと同様に頻度はほどほどに。

私は「そうだったのかぁ」「えっ」など、気づきや驚きを表すつぶやきも多用しています。

リアクションのレベル

レベル1 相づち

• 軽く頷く	一般的な相づち。相手の話を聞いているというリアクションになるが、小刻みに打ちすぎないように注意しよう
• ゆっくり大きく頷く	相手への同意、学びや発見があった際に使う相づち
• 静止	あえて動かないことで落ち着いた印象を与え、相手の話を真剣に聞いているというメッセージにもなる

レベル2 短いつぶやき

•「はい」	最も基本的な肯定のリアクション
•「えぇ」	「はい」に比べて品がある言い方。かしこまった場面でも有効
•「なるほど」	使いすぎると耳障りになるので注意は必要だが、驚きや自分の理解度を示すことができる

レベル3 短い質問

•「なぜですか?」	あらゆるシチュエーションで使えるフレーズだが、端的にやや柔く言うとクレバーな印象になる。5W1H(When:いつ、Where:どこで、Who:誰が、What:何を、Why:なぜ、How:どのように)すべてに同様のことが言える。話の展開に悩んだ時には、「When」や「How」などの質問も有効
•「いつからですか?」	Whenを聞く質問
•「どんなふうにやるんですか?」	Howを聞く質問
•「具体的には?」	難しいテーマの時にも有効
•「何がきっかけだったんですか?」	ストーリーや歴史を深掘りし、そこからエピソードを広げていく

レベル3 短い質問

リアクションの延長で「短い質問」ができると、話の深掘りにつながります。例えば、「なぜですか?」「いつからですか?」「どんなふうにやるんですか?」「具体的には?」「何がきっかけだったんですか?」など。

事前に用意した質問ではなく、相手が言ったことに対して即座に反応する質問です。間髪入れずに短い言葉で返すことで、対話のリズムを崩さずに相手の話を盛り上げる効果があります。

特にレベル3の「短い質問」は、話のポイントを逃さない集中力と瞬発力が問われるので、やや難易度が高い技術にはなりますが、意識的に磨くことで対話力のレベルは確実に上がります。

対話がスムーズに展開し、相手も自然と深い話ができるようになるので、「本音の交換」に近づきます。

感想をそのまま口に出す お手本は「食レポ」の第一声

前節で紹介した、「短いつぶやき」を程よく差し挟むリアクションについて、もう少し詳しく説明します。

相手の話の内容に応じて、「へぇー！」「そうなんですか」「それは意外ですね」など短く反応する言葉をこまめに返していく。

あたりまえに感じるかもしれませんが、案外、会話中のリアクションワードをおざなりにしている人は多いのです。

自分では反応しているつもりでも、心の中にとどまってしまって、言葉や表情などで表に出ていなければ、相手には伝わりません。

すると、相手は「あれ？　反応薄いな……。あまり興味がないのかな」と受け取って、それ以上深い話をしなくなります。

自分が思っているほど感情は表に出ていないと心得て、ちょっと大袈裟《おおげさ》にリアクションをするくらいでちょうどいいのです。

「リアクションといわれても、カッコいい言葉がとっさに出てこないよ」と戸惑う人もいるかもしれませんが、難しく考えなくて大丈夫です。

超がつくほどシンプルに、感じたことを口にすればよし。イメージするならば、**情報番組で人気の「食レポの第一声」がよいお手本になります。**

食レポ、つまり、食べ物を実際に口にして、味や香り、食感を紹介するレポートの第一声は、「うまっ」「美味しい〜」「新感覚です！」など、驚きや感動を表すシンプルで短い言葉がほとんどです。しかし、この短い一言があることで、その後の会話がどんどん促進されていきます。

普段の会話においてもこの〝食レポ感覚〟でのリアクションを取り入れると、お互いの興味関心を交換する熱の温度は上昇間違いなし。

一つのお手本として参考にしてみてください。

「喜〝驚〟哀楽」は表情豊かに「え!」にも変化をつけよ

「短いつぶやき」のリアクションを実践するときは表情豊かに。

イメージは「喜怒哀楽」ならぬ「喜〝驚〟哀楽」です。

「喜」は、話を聞いている途中や最後に、「今日お会いして、この話を聞けてよかったです」と喜びを伝えることです。

「楽」は、対話を楽しんでいる気持ち。「すごいなぁ」「いいですね!」「聞いていてワクワクします」など、ポジティブな感想はどんどん口にしましょう。

「哀」は、本気で悲しんでいるのではなく、場を盛り上げるための演出に近い表現です。「自分は全然できていませんでした」「もっと早く知りたかったなぁ」といった、相手の話の価値の高さを間接的に伝える、実はポジティブな意味合いです。

「え!」のバリエーション

❶小さくつぶやくように発する「え」

「知らなかった」「そうなんだ」といった気持ちを伝える

❷目を見開いて大きな声で言う「えぇ!!」

スタンダードな「え!」。驚きの気持ちを率直に伝える

❸低いトーンの声と真顔の表情で放つ「えっ!」

アゴを引き、息を吸いながら声を出し、ショックの大きさを伝える

❹アタマを抱えたオーバーアクションぎみの「えーー!!!」

愛嬌のあるしぐさで、「どうしよう」という戸惑いを伝える

そして、「驚」。**私が特に積極的に口にしているのが、「驚き」を表すリアクションです。**

たった一語の「え！」だけでもいいのです。相手の話を聞きながら、初めて知る情報に触れたときに、ぜひ声に出してみてください。

「それは知らなかった！」という驚き、感嘆の気持ちをそのまま外に表すだけでも、相手にとってはポジティブな反応になります。

「おや、この情報についてハセンさんは知らなかったのか。ならばもう少し丁寧に話してあげよう」と解説モードへと転換し、さらなる「え！」や「へぇ〜」に発展していきます。

もちろん、既知の情報に対して知らなかったように振る舞う必要はありませんが、少しでも興味のアンテナが立ったら「驚き」のサインを送るのがおすすめです。

そこで初めて出会う事実や価値観、ものの見方を、生身の人から聞けるチャンス、つまり「学び」につながります。

ちなみに、「え!」にも、小さくつぶやくように発する「え」や、目を見開いて大きな声で言う「えぇ!!」、低いトーンの声と真顔の表情で放つ「えっ!」など、いろいろなバリエーションがありますので、私は状況に応じて使い分けています。

リアクションそのものを単調にしない、というのも大事なポイントです。

シンプルで短い感情表現をこまめに口にするよう、ぜひ心がけてみてください。

ジェスチャーを交えて大きく！ポイントは笑顔との〝ギャップ〟

「ハセンさんって、リアクションが大きいですね」

番組や日常のコミュニケーションで会話をした相手の方からよく言われるコメントの一つです。

たしかに、私は会話中のリアクションを大袈裟に表現しています。それもかなり意識的に。

なぜなら、**会話中の「リアクション力」がコミュニケーションを深めるのにとても効果的である**と考えているからです。

実際、そのように言ってくださる方とは話が弾み、次につながるご縁に発展する確率が高くなります。純粋に会話を楽しんでくださったのだな、と私自身もうれしくなります。

では、会話における「リアクション力」とは何か。

ポイントは、「言葉」と「表情・ジェスチャー」の掛け算をすることです。

驚くときは、目を丸く開いて、眉毛をグッと上げる。

喜ぶときは、口角をキュッと上げて目をカマボコ型の「ニッコリマーク」に。

ショックを表すときは、一点を見つめて、無表情っぽくする。

感心するときは、腕を組んで胸を張る……などなど。

こうしたオーバーなジェスチャーはいかにも「テレビ的」かもしれませんが、リアクションをわかりやすく表現することで対話は明らかに促進されます。

また、**〝ギャップ〟の効果によって反応の「わかりやすさ」が生まれます。**

基本は笑顔を保ちながら、時にスッと真顔になったり、目を見開いたり。

表情にメリハリをつけることによって、リアクションの豊かさが生まれます。
〝会って0秒〟で向けた「笑顔」が対話中のベースとなっていることで、ギャップが効いてくるというわけです。

リアクションで「キャラクター」が決まる

もっと踏み込んで述べると、リアクションの押し引きや、どんなリアクションを強調するかによって、その対話における「キャラクター」は決まります。
あるいは、**その場で求められているキャラクターに応じて、リアクションを変える**というほうが正確かもしれません。

例えば、3人以上のディスカッションの場でシリアスなテーマの話が進んでいるときは、あえてリアクションを抑えめに相づちだけに徹して話を進行する「黒子役」を演じます。

特定のテーマについて専門家に基礎から伺うときには、感嘆のリアクションを多め

感情を伝える表情・ジェスチャー

❶驚き（本当ですか!?）

目を丸く開いて、
眉毛をグッと上げる

❷喜び（うれしい!）

口角をキュッと上げて目を
カマボコ型の「ニッコリマーク」に

❸ショック（ウソでしょ）

一点を見つめて、無表情っぽく

❹感心（なるほど）

腕を組んで胸を張る

に意識して「生徒役」に。場の雰囲気によっては「おどけ役」も買って出ることもあります。

対話の参加者の中で自分がどんな役割を求められているのか、場の意味を俯瞰《ふかん》してリアクションの出し方を見極める。

TPOに応じてキャラを使い分けるのも、一つの対話術だと思っています。

相づちや「なるほど」の過度の連発には要注意！

対話を促進するリアクションの一つとして「相づち」をおすすめしましたが、**相づちはたくさん打てばいいというものではありません。**

「ハセン、頷《うなず》きすぎや！」

未熟だった私を、愛情たっぷりに（？）叱ってくださったのは、あの「アッコさん」こと和田アキ子さんでした。

TBS入社2年目から5年、アシスタント役として進行を務めた情報番組『アッコにおまかせ！』の放送後にお食事をさせていただいたときのことだと思います。

まだ経験も浅く、芸能界の〝大御所〟と呼ばれるアッコさんを前に緊張していた私は、ちゃんと話を聞いていることをアピールしようという気持ちが前に出てしまったのでしょう。必要以上にハイペースで相づちを打っていたようです。

カクカクと顔が上下に振れるように連続して相づちを打つと、聞いているようで聞いていない「わかったふり」の態度として受け取られ、相手を不快な気持ちにさせるリスクがあります。

話している本人からすると、「まだ最後まで話し終わっていないのに、本当にわかっているの？」とイラッとしますよね。

同じように「なるほど」の連発にも要注意です。

理解を示す「なるほど」は、適度に使えば非常に有効なのですが、使いすぎると軽々しい印象になり、一転してネガティブに。

相づちの「うん」も気をつけてください。

これはクセで無意識に言ってしまっている人も多いのですが、意外に耳に残ります。

かなり気になっている相手もいるはずです。特に、目上の方に対しては要注意です。カジュアルすぎて無礼なイメージを与えてしまっては、せっかくのコミュニケーションもうまくいかないこともあります。

先輩が後輩に叱りづらくなったと言われる世の中で、直球でご注意をいただき、愛情たっぷりに叱って、いやかわいがってくださったアッコさんには心から感謝しています。

上体を落ち着かせる意識を「動かない」ことがメリハリをつくる

「相づちを打ちすぎない」とも関連する話をもう一つ。

私が対話の間に気をつけていることとして、「むやみに上体を動かさない」というポイントがあります。

これはテレビに出演するようになってから、アナウンサーの大先輩、安住紳一郎さんにアドバイスをいただいた心得です。

人の話を聞いている間に、無意識にソワソワと体を動かしてしまうと、落ち着いた印象に見えず、相手が気になる原因になるのだと。

言われて初めて気づきましたが、たしかに対話中に体があっちを向いたりこっちを向いたり、猫背になったり、首を振ったり……絶えず動いている人が目につきます。

逆に、上体が一定の位置で落ち着いている人は、どっしりと構えた印象を与えて、安心して話せる雰囲気を醸し出すのです。

これは大きな違いだと感じ、日頃の対話から意識するようになりました。

実は、この「動かない」テクニック、生のステージに立つお笑い芸人さんが最初に教わる注意点なのだそうです。

対話は実はフィジカルなコミュニケーションでもあると学び、実践し、今では意識せずとも上体の動きをコントロールした状態で話ができるようになりました。

「要約力」で対話は一気に深まる
“ラインマーカー”を引きながら聞く

リアクションの種類については、この章のはじめ（108～110ページ）で三つのレベルを紹介しました。

実はさらに一段高いレベルの、対話を一気に深めるリアクションの技法があります。

それが「要約」です。

相手の話をじっくり聞きながら、ポイントだと感じる部分を察知したら、「〇〇ということですね」と短く要約して返すのです。

要約は、本質を理解しようとするチャレンジです。

自分なりの言葉でいいので、相手の話のポイントを要約して返すことができると、相手がさらに深い話を展開しやすくなります。

難しければ、まずはおうむ返しでも構いません。

とはいえ、何でもかんでも要約していたら、話がなかなか進みませんよね。あくまで、話の大事な部分をキャッチするようにしましょう。

イメージとしては、教科書の文章を読みながらテストに出そうな箇所にラインマーカーを引く感じです。

アタマの中でラインマーカーを引きながら、相手の話のキーワードを拾い、そのキーワードを自分なりの言葉で言い換えてみる。そんな意識で「要約力」を磨くと、対話力のレベルも上がります。

対話のリズムを崩さずにパッと言い換えるには、ボキャブラリーのストックを増やす努力も必要ですね。

私のボキャブラリー対策については、7章でお伝えします。

対話の温度を十分に温め、リアクションの力でさらに相手の話もノッてきた。対話を続けるために残された時間も半分を切ってきた頃でしょう。

では、いよいよ「本音」を引き出すモードへと突入します！

4章のふり返り

① 学びを引き出すために欠かせないのが、聞き手の「リアクション」

② 興味のアンテナが少しでも立ったら、「驚き」のサインを送る

③ 動きすぎないことで、リアクションがより効果的に映える

コラム

プレゼン力を高める「接続詞」のテクニック

ここで、プレゼンテーションのコツについても少し触れておきたいと思います。

私がプレゼンの技術を最初に学んだきっかけは、『アッコにおまかせ!』の番組進行の仕事でした。

この番組では、巨大な解説ボードの前にアナウンサーが立って、出演者の会話を聞きながら順にボードに貼られた紙をめくってキーワードを紹介し、話を展開していきます。

しかも、生放送なのでタイムキープをしながら、「サブ」と呼ばれる司令塔役のスタッフの指示とカンペも見つつ、滞りなく進行するという難易度の高い仕事です。

このとき、**話を展開する上で重要な役目を果たしていたのが、「接続詞」**です。

◎逆説……「ところが」「しかしながら」「にもかかわらず」
◎対比……「その一方で」
◎転換・切り替え……「さて」「そんな中で」

などなど、話の方向性を指し示す接続詞を効果的に使うことで、話は格段に聞きやすくなります。

接続詞を発するときには、声のトーンにも少し変化をつけると、切り替えの効果が増します。

気持ちも落ち着いて緊張も和らぐので、プレゼンに苦手意識がある人は、ぜひ接続詞を取り入れてみてください。

5章

STEP4 トップスピード

相手のスイッチを入れて、本音を引き出す

学びの核心に迫る「本音モード」のスイッチを入れる

単にその時間を楽しく過ごすだけではない、**人生に効く対話は、「本音の交換」による学びがあってこそ成り立つ**もの。

いかに充実した対話ができるかによって、人生は大きく変わる。

だから、対話ではできるだけ本音を引き出したい。

ここまでお話ししてきた、対話の冒頭の「挨拶・笑顔・好奇心」の3原則や、前半の「聞く」に徹するアイドリング、さらにリアクションで対話を促進するといったノウハウは、何も相手に気持ちよく話してもらうことだけを目的にしているわけではありません。

すべては、「本音を引き出す」ため準備なのです。

では、どうしたら本音を聞けるのか。

意識的に「本音モード」へ切り替えるアクションをすることが必要です。**一番わかりやすい方法は、「ここからより踏み込んだ話を聞きたい」というメッセージが伝わる言葉を使うこと**でしょう。

例えば、「PIVOT」でサッカー日本代表の浅野拓磨選手にインタビューした際に、モードチェンジに使ったのは「あえてあなたに（浅野選手に）聞きたいんですけれど」という言い方でした。

メディアなど外野の憶測ではなく、本人の言葉で聞きたいという希望をストレートに伝えたのです。

日本中を沸かせたワールドカップのみならず、欧州リーグで活躍する浅野選手が日頃どのように心身の軸を保ち、一流の舞台で通用する技能を磨いているのか。

サッカーファンとしていろいろと聞きたいことはありましたが、私がこのときに一番聞きたかったことはこれでした。

なぜ浅野選手は森保ジャパンの代表選手に選ばれたのか——。

これは非常にセンシティブな質問ですが、ワールドカップの代表選出に至るまでの紆余曲折を知っているサッカーファンなら誰でも、浅野選手の考えを本人の言葉で聞いてみたいと思うはずでした。

▼こちらから動画をご覧いただけます▼▼▼▼▼▼▼▼▼▼▼

PIVOT TALK BOOK DIGEST

後編：なぜ浅野拓磨が、森保監督に起用されるのか

「前のめり感」を出すのは対話が温まってから

ただし、対話がまだ温まっていない段階でいきなり直球で聞いても、警戒させてしまうに決まっています。

自然にモードを切り替えられるタイミングを、焦らず見計らっていました。

ワールドカップのふり返りから、欧州と日本でのプレー環境の違いへと話題が進み……、ギアを入れたのは、浅野選手が森保監督との信頼関係について語り始めたときでした。

「あえてあなたに聞きたいんですけれど」
「最後に聞こうと思ったんですけれど」
「ずっと聞きたかったことを、今、聞いてもいいですか？」

こうした「前のめり感」を表す言葉を使うことで、意思がわかりやすく相

手に伝わり、相手のスイッチを入れる感じでモードを変えることができるのです。

センシティブな部分は丁寧に「白紙の質問」はしてはいけない

核心に迫る質問を投げかける際、**相手にとってセンシティブな体験や思いを聞き出す場合には、細心の注意が必要です。**「もしかしたら、話したくないかもしれない」と相手の気持ちに寄り添いながら、丁寧にアプローチをしましょう。

そもそも、センシティブな話題をふっていいのか？という迷いを感じる方もいるかもしれませんね。

対応は人によって違うと思いますが、私は「むしろしっかり本人の言葉で聞いたほうがいい」と考えます。

憶測や他人の噂《うわさ》話をベースに理解しようとするよりも、本人の口から真意・本音を

聞くほうが間違いないですし、信頼関係も深まります。

少なくとも私はそうしてほしいなと思います。

役職の解任や離婚など、一見ネガティブと感じられる出来事であるほど、本人なりの解釈もあるはず。

そこにしっかりと耳を傾ける姿勢を見せることが大事です。

興味本位で聞くのは絶対にNGです。

一番やってはいけないのは、「ざっくりとした〝白紙〟の聞き方」。

ナイーブな出来事に関して、唐突に「あのとき、どうだったんですか?」と雑に聞かれたら、誰でも腹が立つのではないでしょうか。

本当に聞きたいと思うのならば、ちゃんと姿勢を正して表情も崩さずに聞くのがきっと正解です。

加えて、**私は「自分なりに感じた印象」も添えるようにしています。**

例えば「きっとあのときは業界の状況も激変していましたし、ご自身としても理想とのギャップを感じていらっしゃったのではないかと想像しているのですが、本当のところはいかがだったのでしょうか？」というふうに。

自分なりの見立てを言い表すことが呼び水となって、具体的な経緯や心情を語っていただけることが多いです。

必ずベースに敷きたいのは、相手に対する「リスペクト」です。

笑顔と真顔を使い分けよう

リスペクトを示すサインとして、「表情の変化」も重要です。

それまでニコニコと笑顔が基本だった流れから、スッと真顔になる。

表情に違いを感じてもらうことが、「これから真剣に聞きたいと思っています」というメッセージに。

対話の前半で見せた「笑顔」の効果が、ここで発揮されるわけです。

そして、質問はできるだけ具体的に考えやすい聞き方に。

これは、つい先日、教育のプロにお話を聞いたときに仕入れた学びでもあります。子どもたちに紙とペンを配って「自由に文を書いてみましょう」と伝えても、子どもたちはポカンと戸惑ってしまう場合も。

「今日の天気について、好きなように表現して」でも、抽象的でまだポカン。

「すっきりと晴れた青空を表現してみよう」くらい具体的に伝えて初めて、手が動き出す子どもが多いのだそうです。

センシティブな質問に答えていただけると、グッと信頼関係が深まったような感覚を得られます。

ただし、そのときに答えていただけるかどうかは、あくまで相手の気持ち次第。私もうまくいかないケースをたくさん経験してきました。

もし難しさを感じたら、無理にこじ開けようとせずに潔く引く態度も、時には大事です。

次につながる対話ができれば、きっとまたチャンスは巡ってきます。

聞きにくい質問にはクッションを「褒めながら聞く」と答えてくれる

最近は、ビジネスの第一線で活躍する方にインタビューする機会が増えました。経営者に業績やその背景にある事情について聞くときも、「答えてくれるかな？」とやや緊張が走る場面です。

相手の警戒も呼びやすい場面なので、ちょっと工夫が必要です。

私がよく使うのは、警戒を和らげる〝クッション〟の役割を果たしてくれる枕詞です。

「変な質問なんですけれど」
「僕が未熟なので伺いますが」

「素朴な疑問なのですが」

こうした「クッション言葉」を添えた上で聞くと、相手は「何を聞かれるんだろう、そうか、業績のことか」という感じで、心の準備ができるので答えやすくなります。

また、**「具体的に褒めながら聞く」というのも有効な方法です。**

ストレートに「業績はどのくらいですか？」と聞くよりも、「たった1年の間にこんなにヒットを連発するなんてすごいですよね。今期の業績はどのくらい伸びたんですか？」

と聞くほうが、相手が答えてくれる確率は確実に高まります。

同様に、「ヒット連発の秘密は？」と漠然と聞くよりも、

「あの作品の反響はすごかったですよね。特に中高生の間では一大ブームでした。なぜあのようなヒットが実現したのですか？」

と聞いたほうが、答えやすさにつながります。

「あの作品」「中高生」など質問に散りばめた具体的なキーワードが、回答のフックになるのです。

その答えからまたさらに質問が生まれて、対話がどんどん回転していく。これが対話の醍醐《だいご》味《み》です。

夢や目標を分かち合える同志を得る「未来志向の対話」が人生を拓く

「ああ、今日はいい対話ができたな」
「すごく前向きになれたし、相手もいい時間を過ごしてくれたみたいだ」
そんな〝いい後味〟を残す対話に必ずといっていいほどついてくるのは、「壮大なテーマについて語り合えた」という実感です。

夢や目標、なりたい自分の理想像など、視線を上げて未来に向かえる話まで広げることができると、お互いに満足感が高まります。

さらには、個人としての目標にとどまらず、共に目指す社会の理想形など、「主語を広げた話」ができたときには、まるで同志を得たような幸福感で満たされます。

「お互いに頑張りましょう！」
「いつか一緒に取り組めたらいいですね」

そんなポジティブな空気感で締めくくることができた対話の先には、その後も続く発展形の信頼関係が生まれます。

結果として、人生をダイナミックに拓くチャンスにつながっていくのです。

「あのとき、こんな話をしていましたよね。いい人を紹介できそうです」
「今度、新しい取り組みを始めるので、アイディアに意見をもらえませんか？」

私の異動や転職の起点もすべて対話でした。

対話は大袈裟《おおげさ》でなく〝現実的に〟、人生をポジティブに変えていきます。

自分の人生だけでなく、相手の人生にもよい流れを生む対話の力が伝播《でんぱ》すれば、いろんな人の夢や目標がかなう瞬間が増え、世の中全体がより前向きに明るく変わっていくのではないか。

だからこそ、対話力を磨く努力を怠らず、真正面から「本音の交換」に挑戦していきたいのです。

5章のふり返り

① 真に学びになる情報は、話し手の「本音」の中に隠れている

② 「自分なりに感じた印象」を添えるだけで、質問の深みが一気に増す

③ 未来志向で話を締めくくると、対話の満足度が格段に上がる

コラム

学びは「ギブアンドテイク」で！
自分からのギブを忘れずに

この本では「聞く」をベースに対話力をお伝えしてきましたが、では、自分の意見はなくていいのかと言われればそんなことはありません。

対話の学びは「ギブアンドテイク」。相手から学びたいと思うなら、自分も相手にとって有益な話を提供する気持ちを持つことが大事です。

自分は何もせず、相手の知見を吸収しようとする態度はちょっとズルいですよね。

例えば、後輩の立場から先輩に質問にいくときに、「これってどうしたらいいんですか？」と〝白紙の質問〟を投げるのは失礼です。

未熟であっても、自分なりの考えや「こんなふうにトライしてみたが、うまくいかなかった」という試行錯誤を示すことが、アドバイスを請う側が持つべき最低限のマナーではないかと私は思うのです。

それは、先輩、後輩、同僚、取引先など、どんな相手でも私は意識しています。

つまり、「話を聞かせてください」だけのスタンスではいけないわけです。そういう態度では、学びにつながる情報は呼び込めなくなるでしょう。

もしも「あまり相手の本音を引き出せていないな」と感じたら、自分なりの意見や考えを思い切ってぶつけてみましょう。

「お、この人よく勉強しているな」と思わせることができれば、相手も心を開いてくれるはず。

こちらから相手にギブすることで、お互いに学びを交換できるいい対話のきっかけが生まれるものです。

ギブに値する話ができないのは、まだインプットが足りていない証《あかし》ですね。興味のある分野の情報を収集して、学びの質と量を高めましょう。

6章

「あれ？　対話がぎこちない!?」
パターン別・困ったときの対処法

パターン 1

難しい専門的な話をされたとき

90ページでも述べたとおり、理解できないことについては「素直に聞く」のが原則です。

ただし、**専門性が高い話の場合には、「わからないことだらけ」で、ともすると質問攻めになってしまいます**よね。

そんなときは、すべての用語を逐一その場で理解することは諦めて、「全体の中で重要なポイントだけ理解できればいい」と割り切りましょう。

何が重要なポイントであるかは、相手の表情をじっくり見ながら話を聞いていると、大体つかめるはずです。

ポイント部分については、できる限り本人の言葉で説明していただくとして、その他のわからない用語については「気になったら、後で調べる」程度に切り分けていいと思います。

強調しておきたいのは、質問するタイミングです。

「今のはどういう意味だろう？」と思った瞬間に質問したほうがいい場合もありますが、優先すべきは話の流れやテンポです。

私は、「まず相手にひととおり全部話してもらう」ことをできるだけ守るようにしています。

最後まで言い切りたい話を、質問で何度も中断されるのは不快に違いありませんし、全体をひととおり聞いたほうが、「何が重要なポイントか」を見極める判断もしやすくなるという効果もあります。

相手の話を最後まで聞いた上で、

「話の中盤にあった○○というのは、具体的には何を指すのですか？」

「あらためて、○○の意味を解説していただいてもいいですか？」

と質問すると、相手に気持ちよく話をしてもらった上で疑問点も解決できます。

パターン2　話すスピードが速すぎてついていけないとき

知識量が多く、アタマの回転が速い人は、しゃべるスピードも高速になりがちです。

私がMCを務めたテレビ番組でご一緒した辛坊治郎さんや橋下徹さんがまさにそのタイプでした。

「聞き取れないし、わからない」と焦るばかりでは対話は進まないので、こういうときは割り切るしかありません。

「全部わからなくていい」と割り切って、要点だけをつかむことに集中しましょう。

話を聞きながらアタマの中で〝ラインマーカー〟を引くイメージ（128ページ）を思い出してください。

全部はわからなくてもいい、という前提でリラックスして聞いていると、時々、ピンとくる内容が聞き取れるのではないかと思います。

そのキャッチポイントを覚えておき、話の区切りがついたところで、**「さっきおっしゃった○○は、こういう意味ですか？」**と再確認する。まずはこのトレーニングから始めるのがおすすめです。

外国語の習得法としてよく知られる「シャドーイング」と同じで、最初はまったく聞き取れない内容でも、繰り返し聞き続けることで、キャッチできる言葉が増えていきます。

「いつの間にか、この人の話が聞き取れるようになってきたな」と感じたら、レベルアップできた証拠です。

「ついていけない」と最初から諦めずに、一部分でもキャッチできる言葉からつかんでみる。

ぜひトライしてみてください。

パターン3 自分の話をするのが苦手な人と会ったとき

世の中は、快活で話し上手な人ばかりではありません。

むしろ、口数が少なく、自分から積極的に話をするのが苦手な人のほうが多いかもしれません。

本来は話好きな人でも、初対面では緊張しているという場合もあります。

そんなときの対話の糸口になるのも、やはりシンプルな「普通の質問」（76ページ）です。

「ご出身は？」
「休日の過ごし方は？」

「今のお仕事は何年目ですか？」

相手が深く考えずとも答えやすい簡単な質問を投げかけて、その答えの中から対話を広げるスイッチを探すと、相手もリラックスして打ち解けた雰囲気になりやすいと思います。

「札幌出身なんですか。上京したのは大学からですか？」
「へぇ、釣りが趣味なんですか。どんなきっかけで？」
などと、エピソードを引き出す質問を打ち返すと、相手も自然と話量が増え、自分の話をすることに対する心理的抵抗が軽減されます。

コツは、リアクションをいつもより大きめにすること。
大きく頷《うなず》いたり、感想を声に出したり、「喜〝驚〟哀楽」（114ページ）のリアクションをわかりやすく見せましょう。

すると、相手は「自分の話を興味を持って聞いてくれているんだな」と受け取ることができ、さらに話をしようという気持ちになってくれます。

相手が話し上手になるかどうかは、聞き手の力量次第だと心得ましょう。

パターン4

ネガティブな発言に終始されたとき

愚痴や不平不満など、ひたすらネガティブな話を続けられると、聞いているほうも気が滅入りますよね。

そんなとき、私はとにかくポジティブな方向へと転換するアプローチを試みます。

ただし、**まずは「聞く」に徹します。**

相手が吐き出したいだけの不満や愚痴を全部出してスッキリしてもらってから、ようやくスタートラインです。

思うところがあったとしても否定せず、「そんなことがあったんですね」と理解・共感の姿勢を示します。

共感だけでも十分だという考え方もあるかもしれませんが、せっかくなら「人生をポジティブに進める対話」にしたいと私は思います。

相手が抱える状況に理解を示した上で、改善策まで踏み込んだ問いかけをすることが多いです。

「どうしたらその窮地から脱することができるんでしょうね？」

「何が変われば、今の不満は解消されそうですか？」

などと、**〝上から目線〟ではなく同じ目線で一緒に考えるスタンスで問いかけます。**

自分にも似たような経験があれば、自己開示をすることもあります。

本人の口から改善策のアイディアが出てくるとベストですが、すぐに結論は出ないことのほうが多いでしょう。

でも、それでいいと思います。

大事なのは、「改善に向けて一緒に考えてみましょう」という前向きな巻き

込みを仕掛けること。

相手の状況が少しでも改善し、ポジティブな対話ができる関係性をつくるきっかけにもできるとうれしいですね。

パターン5
勢いだけで「中身のない話」が進んでいるとき

お互いの共通話題を探るうちに、なんとなく場のノリだけが空回り。芸能界の噂《うわさ》など深みのない話が続いてしまっている。

特に3人以上が集まる飲み会などで起こりがちなこんな状況では、思い切ってガラリと話題を変えます。

繰り返しになりますが、限られた人生の時間を「中身が薄い対話」で埋めるのは心底もったいないですよね（もちろん、たわいのない雑談も大好きですが）。

話題をパッと変えるときの〝ネタ〟としておすすめなのは「身の上相談」です。

「ちょっと僕の悩み相談をしてもいいですか？」と投げかけて、子どもの夜泣き対策や夫婦の家事分担問題など、あまり深刻すぎないレベルで自己開示できるリアルな相談ネタを、その対話の参加者全員に投げかけてみるのです。

悩みを打ち明けるという行為は「私はあなたに心を開いていますよ」というメッセージとなり、コミュニケーションがグンと深まります。

いろんな視点からアドバイスをいただくことで、悩みの解決に役立つ実益にも直結しますし、アドバイスを通じてその人の価値観を知ることもできます。

そこからさらに新たな話題へと発展して、深い対話へとつながることもよくあります。

何より、「お悩み相談」は場を盛り上げます。

話題提供を目的とした「相談ネタリスト」を常にアップデートしておくのもいいかもしれませんね。

パターン6

目上の気難しい人を相手に話すとき

対話の相手になるのは、上機嫌で好意的な人ばかりではありませんよね。**時にはちょっと気難しい人とお話ししなければいけない機会も、少なくない**と思います。

特に重職に就いている年長者が、自分より経験の浅い若者を前に「ご指導モード」に入ったときには、厳しめのご意見が連発する場面も。

かくいう私自身も、いろいろな立場の方と物怖じせず話を楽しめる性格ゆえに、ともすると「生意気」に見られるリスクがあることを自覚しているので（客観的な自己分析は重要です）、年長者との接し方に関しては日頃から気をつけています。

相手が「ご指導モード」に入っているときは、いただく助言の内容のすべてに賛同できなかったとしても、ひとまず「ありがとうございます。勉強になります」と返します。

その方が貴重な時間を割いて私のために助言してくださっていること自体には、感謝を示したいからです。

また、**対話がネガティブな流れに巻き込まれないように、意識的にコントロールすることも大事な心がけ。**

例えば、2023年に私がTBSから創業間もないPIVOTへ転職することを公表した後には、たくさんの方から食事やお酒の席に誘われ、「どうして辞めたの？」「何が不満だったの？」と質問攻めにあいました。

場を盛り上げるために、あえて愚痴っぽく面白い話題を提供するという方法もありますが、私は基本的にポジティブに打ち返すと決めていました。

「新しい挑戦をしたいと思って決断したので、今はすごく勉強になる日々を送っています」など。

特に目上の方に対しては、「挑戦」「未来志向」を伝えるほうが好感を持っていただけると感じています。

いつも念頭に置きたいのは、「この対話の先につながる関係性」です。

パターン7

怒らせてしまったことがある相手と顔を合わせるとき

人間関係にトラブルはつきものです。**誤解や失礼によって怒らせてしまう出来事があった相手と再び対面する場面では、ドキドキしますよね。私もかなり緊張します。**

自分の中にある不安を打ち消し、相手にとっても気持ちよく実のある対話を始めるためにも、やるべきことはただ一つ。

「逃げずに先手必勝」です。

挨拶をしたらまず、「前回は大変失礼いたしました」と謝ります。**あやふやにせずにハッキリと自分から、謝罪の気持ちを伝えることが、今日の対話**

をポジティブに始める第一歩です。

案外、相手は忘れていて「ああ、そんなことありましたね。気にしなくていいですよ」なんて反応が返ってくるかもしれませんが、大事なのはこちらがちゃんと「覚えている」という意思表示です。

自分との関係性の中で起きた出来事を、相手が重要なこととして受け止め、これからもよい関係性を続けようとしてきた。

私だったら、この事実がわかるだけでうれしく感じます。

逆に、自分はずっと引っかかっていた出来事について、相手が何も触れずに対話を始めようとしたら、「あれ、あのことはもう忘れたの？」と自分を軽視されたような残念な気持ちになるのではないでしょうか。

同じ考え方で、ポジティブな記憶も共有するのがおすすめです。

特に私が意識的に伝えるのは「学び」への感謝。

「前回に教えてもらったあの習慣、続けています。すごく自分に合っていて仕事に役立っています！」など、その人からいただいた学びによる自分の変化を伝えるのです。

誰かの役に立つことはシンプルにうれしいもので、相手も「役に立ったならよかった」と喜んでくれるはずです。

そして、**ここからが重要なのですが、「教えたことをきちんと活かして実践する人物だ」と認識してもらえたら、さらに役立つ情報を受け取れる可能性が高まります。**

大切な人脈を紹介してくださるチャンスにもつながるかもしれません。

すると、学びがどんどん深まり、人生の可能性が広がる展開へとつながります。

「記憶の共有と感謝の気持ちの伝達」には、信頼関係を深めるだけでなく、学びも深める力があるのです。

6章のふり返り

① 対話は1回で完結するとは限らない。時には、優先順位をつけた割り切りも必要

② 相手の悩みに接したときは、同じ目線で一緒に考える

③「学び」への感謝を伝えられて、嫌な思いをする人はいない

コラム

話題の提供者にいつでもなれる「テーマリスト」を常備せよ

70ページで、特に対話の前半では「聞く」が7割である、という話をしました。

誤解のないように強調しますが、**私が言いたいのは「受け身に徹しよう」ということではありません。**

時間をかけてじっくりと相手の話に耳を傾ける目的は、信頼関係を築く土台づくり。後半でグッとアクセルを踏んで自分の本音を伝えたり、お互いの価値観を共有したりと、本質的な深い対話をするためのコミュニケーションとして「聞く」は欠かせないのです。

ただし、「聞く」に集中している中で、ふと相手の話が途切れる、ちょっと話題が停滞するといったシーンも少なからず発生しますよね。

そんなときのために備えておきたいのが、自分から話題を提供するための「テーマ

リスト」。

スマホのメモ機能に箇条書きで、「他の人の意見やアドバイスを聞きたいテーマ」の候補を記入しておくのです。

ポイントは、自分の身の上話の「ネタ」ではなく、感想や意見を集められる「テーマ」であること。

一方通行ではなく、双方向の本音のコミュニケーションを目指したいからです。

テーマといっても身近な困りごとでオーケー。

おすすめは「深刻すぎないお悩み相談」。

「忙しくても朝5分でできる英語勉強法は？」
「子育てで忙しくて、夫婦ゲンカをしたときの仲直り術は？」
「東京から1時間以内で行ける週末リフレッシュスポットは？」

などなど、経験者がエピソードを話しやすく、その場にいる全員にとって役立つ情報につながる話題を提供すると、対話がどんどん温まっていきます。
ぜひお試しを！

7章

「本音の交換」ができる対話へ。自分の言葉を磨く時間

どんなに忙しくても確保する自分の言葉を耕す「ひとり時間」

ここまでお伝えしてきた対話のノウハウは、積極的に相手の話を聞いて本音を引き出す、いわゆる「アクティブリスニング」のスタイルが中心でした。

しかしながら、対話によって信頼関係を深めて、人生を好転させたいのならば、相手の本音を引き出すだけでは足りません。

自分の思いも相手に伝えることで、初めて「本音の交換」が成立します。

つまり、**自分の言葉で自分の想いを伝えるための準備をすることが非常に重要になります。**

そのために私が続けている大事な習慣が、「自分の言葉を耕すひとり時間」です。

日常に忙殺されると、なかなか自分のための時間をつくることが難しくなってしまいますよね。私もそうです。

でも、だからこそ「必ず時間をつくる」と決めて、月に一度は1時間、確保することを自分に課しています。

「時間ができたらやろう」ではなく、あらかじめスケジュールの枠を決めることがポイントです。

その時間で何をするのかというと、ひたすら自分の内面に向き合います。

「内面に向き合う」をもう少し具体的に説明すると、「感情を分析する」が適切かもしれません。

感情は無意識に湧き上がるものなので、事前に計画することはできません。ただし、後からふり返ることで自己理解につながると私は考えています。

直近の出来事で、自分の感情が動いた瞬間を思い返しながら、「あのとき、なんでカチンと来たんだろう」「あのとき、すごくワクワクしたな。何に心が動いたのかな」などと、感情を生み出す価値観や背景を深掘りするのです。

できれば「なぜそう思うに至ったのか」に紐《ひも》づく過去の体験まで突き止められるとベストです。

いわば、自己との対話。セルフインタビューの時間です。

自分の未来への解像度を上げよう

感情分析と併せて、「ひとり時間」を使って定期的に行っているのが、未来への解像度を上げる作業です。

3年後、5年後、10年後にどんな自分でありたいのか。そのために必要なアクションやチャレンジはなんなのか。

つい目の前のことに集中しがちな日常から離れて、じっくりと「未来」を見つめる時間を持つことはとても貴重です。

企業が中期経営計画を立てるように、個人も自分の人生の中長期のプランを立てる習慣を持ったほうが、未来志向で今の行動を決められるはずです。

自分がこれから何をしたいのか。そして、どんなチャンスを待っているのか。具体的に言語化することに日頃から慣れておけば、**対話の中で突如「ハセンさんはこれから何を目指すんですか?」とふられても、言葉に詰まることもなくなる**でしょう。

自分で自分を語れる力を磨く。

自分自身と対話をする「ひとり時間」、ぜひ習慣として取り入れてみてください。

「自分の感情」の理解は「他人の感情」の理解にもつながる

自分の感情にしっかりと向き合う時間を重ねていくと、自分自身の「感情のクセ」がわかってきます。

どんなことにワクワクし、エネルギーをもらえるのか。逆に、何にフラストレーションを感じるのか。

好き嫌いも含めて自分の感情の傾向を知ることができれば、対話の場面でもそれを明確に相手に伝えることができます。

「僕はこういう考えは、正直言ってあまり好きではありません。なぜなら、以前、こういう出来事があったからです」

などと、自分の言葉で価値観や体験を語れる自信がつき、相手にも伝えることで、お互いに本音を交換できる時間が生まれます。

「自分の感情」を理解することは、「他人の感情」の理解にもつながります。

それに、一つの出来事に対する感じ方について、単に漠然と「どうですか？」と質問するよりも、「私だったらこう感じるのですが、あなたはどうですか？」と一つのサンプルとして投げかけるほうが、相手も答えやすくなるはずです。

ふり返れば、**私は幼少の頃から「自分と他人の価値観の違い」に敏感でした。**

父がイラク出身だったというのにも少なからず影響を受けていると思います。

加えて、その父は単身赴任で年に数回しか日本に帰ってこなかったために、たまに一緒に過ごすたびに会話の端々から「生活文化の違い」を感じ取っていたのだと思います。

考え方や価値観はたった一つではなく、その人固有の体験やバックグラウンドに基づくものである。

文化、宗教、人種など、多様性を尊重し、物事を多角的に捉えることは極めて重要なのだ——。

多様であることが自然である。

そんな理解が、私の対話のベースとなっています。

対話のボキャブラリーを増やすインプットは「活字」の情報から

豊かな対話に欠かせないのは語彙《ごい》力、ボキャブラリーです。

「ハセンさんはどうやってボキャブラリーを増やしているんですか？」とよく聞かれます。

私のインプット源は「活字」です。

新聞や書籍、ネット上の記事など活字情報を日常的に読むことが、言葉のストックを増やすために最も効いていると感じます。

文字を目から入れて脳に叩《たた》き込むイメージです。

特に新聞は、時事のキーワードを正確に言える準備に欠かせません。

同世代では新聞を読む人は減っているようですが、私はＴＢＳ時代に「新聞全紙チェック」をルーティンにしていたこともあって、新聞には馴染んでいるほうです。

ここで、対話に活かせる語彙ストックのコツを一つ。

同じ用語を〝バイリンガル〟でインプットすることを心がけてみてください。

例えば、キャリア系の話題で近年よく使われるようになった「ジョブローテーション」。

カタカナ語の英語表現で耳にするとちょっと難しく感じてしまいますが、日本語に変換すると「戦略的人事異動」のことです。

これならスッと理解できますよね。

対話の中でもカタカナ語ばかりが飛び交うと、どんどん話が難しくなるので、私はできるだけ日本語に変換するようにしています。

新しい用語のボキャブラリーを増やすだけでなく、「最近聞くあのカタカナ語を日本語にするとなんだろう?」と調べるクセをつけておくと、対話で生きてきます。

いいと感じた言葉はすぐ真似る　そして我が物とするまで使い倒す

語彙力アップ対策としてもう一つ、簡単で効果的な方法があります。

それは「どんどん真似《まね》る」というものです。


出会った人や本、講演、ＹｏｕＴｕｂｅなど、出所はなんでもいいのです。

「あ、今の言葉、素敵だな」とピンときたキーワードがあれば、アタマにしっかりと刻み込み（あるいはメモをして）、今度は自分が対話の場面で使ってみましょう。

そして、どんどん自分のものにしてきましょう。


「学ぶは〝真似ぶ〟」とはよく言われることですが、語彙も人から真似して取り入れていくことが成長を早めます。

将棋の藤井聡太さんから「視座」という言葉をいただいたり、起業家・投資家のピーター・ティールの本で「独占せよ」という言葉に着目したり——。

私自身も常に、人や本から語彙を仕入れています。

ただし、仕入れるだけでは言葉は定着しません。

重要なのは「我が物とするまで使う」というアクションです。

繰り返し使うことで、自分の言葉として扱えるようになります。

スマートな話し方のコツは一文は短くして、「ムダ語」を削ること

「ひとり時間」の習慣によって、自分の思いや体験を言語化できるようになってきたら、ぜひ対話の中で活かしていきましょう。

このときに磨くといい力がもう一つ。「スマートに話す力」です。

せっかく素晴らしい夢や目標を語ろうとしていても、まどろっこしく聞きづらい話し方をしてしまったら台無しです。

ハキハキとスマートに話すコツを身につければ、自信を持って対話に臨めるでしょう。

では、そのコツとは？　私がアナウンサー時代に習得したいくつものテクニックの中から、シンプルなポイントを二つお伝えします。

コツその1は、「一文を短く切る」。

よくありがちなのが、「～けれども」でつないで、ダラダラと一文を伸ばす話し方。ロジックがわかりにくくなりますし、対話のテンポがぼやけます。

報道現場におけるアナウンサーの中継、スポーツ実況などをよく聞くとわかると思いますが、一文は短くする意識でいましょう。

「一文に一つの情報」のルールで短く区切って、文をつなげていくことで、端的に言いたいことを伝えられるようになり、相手もはるかに聞き取りやすくなります。

次の二つの文章を比べて、どちらのほうが理解しやすいですか？

「今日の会議ではこのテーマについてお伝えしようと思いますけれども、こちらは先週と比べたデータでして、横ばいになっているんですが、ここからさらに数字を伸ばしていけるように全員で頑張っていきましょう」

「今日の会議はこのテーマについてです。まず、先週と比べたデータをご覧ください。ご覧のとおり、横ばいになっています。ここからさらに数字を伸ばす必要があります。全員で頑張りましょう！」

圧倒的に、後者ですよね！

同じ3行の文章でも、一文が短いほうがスパッとスマートに伝えられますし、印象も変わってきます。

声の大きさや間《ま》のコントロールなど、話し方を向上させるためのテクニックはさまざまありますが、まず何より大事なのは、この「一文を短く切る」こと。

面接やミーティング、プレゼンテーションなど、活用できるシーンは数多くありますので、ぜひ意識してみてください。

対話を録音して聞き直してみよう

コツその2は、**「ムダ語を削る」**。

「えー」「あー」「なんだっけな」「えーっと」など。無意識に発しがちな「ムダ語」、あるいは「フィラー」ともいいますが、これらは極力削除しましょう。聞いている相手にとっては耳障りですし、意味のないムダ語が頻繁に発せられると、どこか「自信がない」印象にも結びついてしまいます。

しかしながら、ムダ語は言っている本人が気づいていないケースが多いため、なかなか改善されにくい面も。おすすめの対策は、音声セルフチェックです。

相手が承諾してくれるシチュエーションであれば、対話の様子をＩＣレコーダーやスマートフォンの録音機能で記録し、後で聞き直してみるのです。「Ｚｏｏｍ」などのオンラインミーティングシステムの録画機能を使うのもいいですね。

思った以上に「ムダ語」を発している自分の声に驚くはずです。聞くのも苦痛かもしれませんが、成長のために頑張って自分に向き合いましょう。

特に頻繁に発している「ムダ語」の傾向が見えたら、意識的にその言葉を言わないように心がけてみてください。

意識を持ち続けるだけで、かなり改善されます。

なんとなくの空気には流されない自分のポジションを明確にとる

「ポテトサラダ炎上事件」の話をしましょう。

TBS時代、私が進行役を務めていた生放送のある番組の放送中に、その事件は起こりました。

番組で題材となったのは、当時のTwitterで盛り上がっていた「スーパーで買ってきた惣菜のポテトサラダ」と「家族が手間暇かけてつくってくれたポテトサラダ」の比較問題でした。

私は自分の率直な感想として、「どちらも美味しいが、手づくりのポテトサラダのほうが愛情を感じられてより美味しい」という主旨の発言をしました。

すると、瞬く間にネット上で批判・反論が巻き起こり、燃えに燃えてしまったのです。

「ポテトサラダをつくる手間を考えたことがあるのか。つくる人の苦労も想像してみろ」「妻にそんな負担を強いるなんてひどい」といったお叱りの声でした。

そのご意見もそのまま受け止めましたが、だからといって自分の意見を曲げての訂正や弁解はしませんでした。

なぜなら、事実として妻が自分のためにポテトサラダをつくってくれたという行為はありがたく、感謝の気持ちも含めて一層美味しく感じるのが、私の心からの実感だったからです。

「批判されたくない」という理由で、無難な発言にとどめたり、多数派の意見に合わせたりしていると、自分の価値観を表明するチャンスを逃す一方です。

自分の固有の価値観として揺るぎないのであれば、堂々と「これが私の価値観です」と胸を張っていいと思います。

わかりやすくポジションをとりにいくのです。

と同時に、**相手の価値観も尊重して、お互いの意見をフラットに交換できる対話が、私にとっての理想形です。**

そのような対話こそ、より多くの学びと成長をもたらしてくれるに違いありません。

「思います」より「します」で言い切る
語尾の細部に意志は宿る

この本も終盤に近づいてきました。

私がこの本を通じて最も伝えたかったこと——**それが「対話の力によって、キャリアや人生の主導権を握れる」という話です。**

先ほど、「自分の話している様子を録音・録画してチェックしよう」という話をしました。

このときにぜひ「語尾」にも注目してみてください。

語尾の使い方一つで、大きく印象が変わります。

例えば、将来のキャリアの希望について聞かれて語る場面を仮定したとき、どちらが力強く感じますか？

①3年後までに専門資格を取りたいと思います。
②3年後までに専門資格を取ります。

明らかに②のほうが、強い意志を感じられますよね。
両者の違いは一点のみ。**語尾に「と思います」があるかどうか**です。

この「と思います」は、対話中にかなりの頻度で発せられる語尾ワードです。
これをつけることで柔らかい印象になる効果があり、非常に便利です。
しかし、その便利さゆえに多用しすぎるという弊害が生まれているのです。

本当はズバリと意志を強調するべき場面でも「と思います」をつけたがために、相手の印象に強く残らず、対話が深まらない……。
とてももったいないと感じます。

ここぞというタイミングだけで大丈夫です。

「自分の意志を強調したいときは、語尾を言い切る」というルールをぜひ守ってみてください。

意志は語尾に宿ります。

育休や転職もスムーズに人生の主導権を握る対話の力

意志は語尾に宿る、という話をしました。

実は、私自身のキャリアが大きく展開したターニングポイントにも、この対話力が役立ちました。

人生の方向を大きくピボット（転換）する決断をするときには、対話の語尾に意志を込める――。

その効果を、身をもって体験してきました。

どういう体験だったのか、少し詳しく説明します。

象徴的だったのは「育休取得」の体験です。

30歳で妻との間に待望の第一子が誕生することがわかったとき、育児と妻のサポートに専念する期間をつくろうと決めました。

当時の私は、TBSの〝看板〟とも言える報道番組『news23』のキャスターを任されていました。

責任のある立場でありながら、妊娠・出産をするわけでもない男性キャスターが育休を取得するなんて前代未聞のことです。

それでも私は自分の人生と家族を大事にしたいと思いましたし、「社会全体で男性の育児参加の流れをつくるきっかけにもなれば」という考えから、上司に育休の打診をしました。

上司に面と向かって切り出すときに、「育休を取りたいと思うのですが、どうでしょうか？」と相談形の語尾にはしませんでした。

「育休を取ります」と〝宣言〟に近い言い方をしました（ただし、業務調整で迷惑をかけないよう、育休取得予定の半年以上前に伝えました）。

すでに固まった意志として伝えたので、そこから先は育休取得の時期や期間など具体的な相談へ進めることができたのです。

もしも私が上司に「育休を取りたいのですが、よろしいでしょうか？」などと判断を仰ぐような伝え方をしていたら、展開は違っていたのではないかと思います。

「対話力」を磨いて、人生の主導権を握ろう

同様に、**転職を決心したときも、すでに固まった意志として伝えました。**

ある先輩は、「いいと思う。ハセンらしく、人を巻き込んでいってよ」と背中を押してくれました。

そして実際に、自分を大きく成長させてくれるキャリアチェンジに挑戦することができたとき、自分の内側に湧き上がってきたのは、「きっとこれからも人生を切り拓いていける」という自信でした。

人生の方向性を決める主導権をどの程度握れるかは、対話の力にかかっている——そんな確信を持つに至りました。

ただし、**率直な意志を伝えられる関係性を築いていることは大前提です。**

信頼関係は一朝一夕に築けるものではなく、日頃のコミュニケーションの積み重ねがあってこそ。

日々心がけるのは、「挨拶」「笑顔」「リスペクト」を相手に伝える対話にほかなりません。

この本一冊を通じてお伝えしてきた**対話力がいかんなく発揮されたときが、人生が大きく動くときです。**

対話力を磨く行動は、誰でも今すぐ始められます！

7章のふり返り

① 自分で自分を語れる力を磨くことで、成長が早くなる

② 語彙力が高まると、対話から得られる情報もより豊かに

③ 自分の考えを語るときは、「ムダ語」を削り、語尾を大切に

おわりに 「生きた言葉」を探して

『アタマがよくなる「対話力」』、いかがだったでしょうか。

この本を通して、手に取ってくださったあなたと「対話」ができていれば、とてもうれしいです。本を手に取ってくださり、本当にありがとうございました。

この本の執筆が、これまで培ってきた私自身の「対話の技術」を言語化するきっかけとなりました。

独立、転職をして1年ほど。**仕事でもプライベートでも日々たくさんの方々とお話しする機会がありますが、やはり対話を通して多くの学びがあります。**そして何より、『学ぶ』ことが好きだなぁ」と実感します。

新しい情報、価値観、そして人に出会うたびに、好奇心のセンサーが反応し、もっと知りたい、もっと聞きたい、もっと話したいという気持ちになっていきます。

ふり返ってみますと、TBSに送った履歴書にも「自分の強みは向上心、チャレンジ精神、好奇心」と書いていました。これは今も変わっていません。

根底にある好奇心が成長意欲を高め、挑戦の原動力になっているように感じます。

しかしながら、社会人になりたての頃は当然右も左もわからず、まともに発声もできず、もがいている自分がいました。まさか10年後に本を出すなんて、想像もしていませんでした。

まだまだ未熟者ではありますが、私を育ててくれたTBSには感謝しかありません。ニュース原稿を読むこと、情報番組で進行をすること、スポーツの国際舞台や報道現場の取材、どの仕事もやりがいを感じるものでした。アナウンサーとしてだけではなく、社会人としての基礎をつくっていただきました。

失敗も多く経験しましたが、どんなに短いオンエアでも5回は見直し、改善点をメモして「一人反省会」をしていました。

そんなトライ&エラーを繰り返してきたことで、この本にまとめたメソッドが形づくられていきました。

話す力、聞く力、伝える力すべてを包括するのが、「対話力」だと思います。

この本に書いた内容を土台にしながら、これからもさまざまな経験を通じて、さらに「対話力」に磨きをかけていくつもりです。

＊　＊　＊　＊

ここで、大切にしている言葉をもう一つご紹介させてください。

「生きた言葉を探してください」

ＴＢＳの大先輩である長峰由紀アナウンサーからいただいたメッセージです。長峰さんはすでにＴＢＳは退社されましたが、私にとっては恩師と言える方です。

アナウンス研修を担当してくださり、日曜日のお昼の『ＪＮＮニュース』という報道番組もご一緒させていただきました。

その番組を私が卒業するとき、いただいたお手紙にこの言葉が書いてありました。

アナウンサーは、ニュース原稿というバトンを受け取り、ニュースを視聴者に届けるアンカーの役割を担います。

ニュース原稿は、記者やディレクターが時間をかけて取材した内容を限られた時間の中で視聴者に伝えるためにまとめたものですが、それを読むだけでは「伝える」ことはできません。**もちろんうまく読むテクニックはありますが、大切なのはニュースに向き合う気持ちだ、と教えていただきました。**

原稿に書かれた言葉の背景を想像し、時には言葉に想いをのせることも必要です。ニュースに寄り添い、視聴者に寄り添い、「生きた言葉」にしなければいけないなと痛感しました。

「生きた言葉」を探す——。私の胸に深く刺さった言葉であり、インタビューや取材を通していつも考えていることです。

取材現場で何を聞き、何を感じ、どんな言葉をどう伝えるのか。難しい表現でなくとも、「生きた言葉」は相手に届くのだと思います。

同じ瞬間は二度と訪れないのですから、一瞬一瞬、目の前の人との対話を楽しみながら、「生きた言葉」を探し続けます。

この文章を書いている間にも、ワクワクしてきました。私の前に広がる世界は、まだまだ知らないことばかりです。恐れず一歩を踏み出してみようと思います。

みなさんにも、ぜひ「対話」を楽しんでいただきたいです。

＊＊＊＊

最後に本の出版のお話をくださった朝日新聞出版の喜多豊さん、インタビューを通して素敵な言葉を紡いでくださったライターの宮本恵理子さんに、心より感謝申し上げます。

企画から完成まで1年近く伴走していただき、何度も打ち合わせやインタビューを重ね、本ができあがりました。お二人との対話がなければ、この本は存在しえませんでした。ご一緒できたことをとてもうれしく思います。ありがとうございました。

そして、いつも支えてくれている私の家族、友人、同僚、お世話になっているすべての方々にあらためて感謝を伝えさせてください。

いつもありがとうございます。これからもよろしくお願いいたします。

2024年3月

国山ハセン

著者略歴

国山ハセン（くにやま・はせん）

1991年生まれ、東京都出身。中央大学商学部卒業。2013年4月、TBSテレビに入社。『アッコにおまかせ！』『王様のブランチ』『ひるおび』などの情報バラエティ番組のアシスタントや進行役、朝の情報ワイドショー『グッとラック！』のメインMC（司会）などを務めたのち、2021年8月からは報道番組『news23』のキャスターを務めた。数々の現場取材を経て2023年1月に独立し、ビジネス映像メディア「PIVOT」に参画。現在は、番組プロデューサー兼MCとして、英語や資産運用、教育など、ビジネスパーソンのスキル向上に役立つ「学び」に特化したコンテンツを、アプリやYouTube上で日々発信している。

ハセン流対話術も学べる！
「PIVOT」の映像コンテンツはこちらから

アタマがよくなる「対話力《たいわりょく》」
相手《あいて》がつい教《おし》えたくなる聞《き》き方《かた》・話《はな》し方《かた》

2024年4月30日 第1刷発行

著　者　国山ハセン
発行者　宇都宮健太朗
発行所　朝日新聞出版
　　　　〒104-8011 東京都中央区築地5-3-2
電　話　03-5541-8814（編集）03-5540-7793（販売）
印刷所　大日本印刷株式会社

Published in Japan by Asahi Shimbun Publications Inc.
ISBN978-4-02-332358-2